PRÓLOGO

COALO ZAMORANO ES uno de mis héroes. He tenido el gusto de conocerle desde que era muy joven, cuando su familia comenzó a acercarse al evangelio, producto de una amistad que mi esposa Miriam y yo desarrollamos con ellos. Desde muy temprana edad, me di cuenta que Coalo era una persona muy especial. No tan solamente por el hecho de poseer grandes talentos musicales, sino porque su corazón está lleno de integridad y rectitud.

Cuando lo conocí a sus 14 años de edad, jamás me imaginé que llegaría a ser mi cuñado, colaborador en el ministerio y uno de mis mejores amigos de toda la vida. Ha sido un deleite trabajar a su lado y ser testigo ocular de su crecimiento personal y profesional. Es un hombre que cumple su palabra, se entrega a su familia y trata con excelencia a sus amigos. Entre hombres, es un grande.

Durante los diez años que Miriam y yo tuvimos el privilegio de ser pastores en la iglesia Lakewood Church en Houston, Texas, Coalo sirvió como el director de alabanza fielmente por todo ese tiempo. Puedo decir a ciencia cierta que trabajar con él no es solamente un placer sino un privilegio. Su entrega absoluta a todo lo que hace y su profesionalismo consumado lo destaca como una de las más extraordinarias personas con las que he tenido el gusto de trabajar a través de los años.

Una de las muestras de su grandeza tiene que ver con la lucha que compartirá con nosotros a través de las páginas de este libro. Cuando mi cuñado comenzó a contarme acerca de la situación que estaba viviendo en aquellos años, por supuesto que me preocupé por su salud física y espiritual, pero conociendo como él vive, sabía que tendría la destreza, la paciencia y la perseverancia para enfrentar ese reto, superarlo y obtener la victoria que, como ahora, ayudaría a muchos otros en sus propias situaciones. Es por ello que me gozo al saber que ha tomado el tiempo para apuntar sus experiencias en este libro para que todos podamos aprender de lo que Dios le mostró. No me cabe la menor duda que será de mucha ayuda y bendición para aquellos que tenemos necesidad de tener las herramientas adecuadas para afrontar la angustia y ansiedad que la vida nos arroja.

Se ha dicho que la talla de un hombre verdadero se mide por su habilidad en reconocer cuándo pedir ayuda. El mismo apóstol Pedro cuando se hundía en el mar de Galilea, tuvo la sabiduría de gritar: "Señor, ¡socórreme!". Coalo supo buscar ayuda cuando sentía que las olas del mar lo devoraban. Al igual que todos nosotros los que clamamos, Coalo nos enseñará que encontraremos socorro oportuno en nuestro Salvador Jesús. Este libro nos dará algunas pistas que nos servirán en nuestro andar diario para mantener la victoria sobre la ansiedad. Gracias Coalo por hacerte vulnerable, para que a través de tus experiencias y tus consejos podamos vivir confiados y sin temor.

Con mucho afecto,

—Marcos Witt

Houston, Texas

INTRODUCCIÓN

POR ALGUNA RAZÓN nunca pensé que un día escribiría un libro, siempre que la gente me animaba a hacerlo me decían que lo hiciera tocando algún tema de alabanza y adoración. Realmente no me veía escribiendo otro libro más sobre ese tema. Para entonces, mi cuñado Marcos Witt ya había escrito varios libros al respecto. Debes saber que lo admiro y quiero profundamente ya que no solo fue mi mentor en la música y sino también quien me guió al camino del Señor junto a mi familia. Y por si eso fuera poco, también es mi cuñado, hermano de mi amada esposa Lorena. Por lo tanto, cada vez que me preguntaban la razón de por qué no escribía un libro, la respuesta era: No soy el indicado.

Nunca imaginé que pasar por algunas situaciones difíciles en mi vida me haría cambiar de opinión. Esas vivencias cambiaron mi óptica sobre la vida de diferentes maneras, y escribir fue una de las decisiones en las que influyó. Entendí que a mi alrededor había gente que estaba viviendo lo mismo que yo ya había atravesado y quizás mi experiencia les sería de ayuda.

Descubrí que uno de los propósitos de esa agonía tan fuerte por la que había tenido que pasar, era compartir con otros mi sentir, y que seguramente ellos, al igual que yo en ese momento, necesitaban hablar con alguien para sentir que "No estás solo".

Así fue que un día mi querida amiga Tessie De-Vore me desafió y motivó para que escribiera este libro que tienes en tus manos. Hoy puedo decir con toda seguridad, que lo que Dios me ha permitido vivir, una las experiencias más fuertes en mi vida, la encontrarás escrita aquí. El haber transitado el valle de sombras por el que caminé hasta que encontré la salida, tenía propósito, y eso le dio razón a lo vivido. Hoy como nunca antes, este mal está afectando a miles dentro y fuera de la Iglesia. Si no eres tú directamente, seguro hay algún familiar o amigo que lo está experimentando. Este material tiene el propósito de ser luz en la tristeza de un corazón que parece no encontrar un rayo de luz.

Pido a Dios que a través de estas líneas puedas encontrar paz, descanso, y gozo en Dios, sabiendo que detrás de toda lucha hay un plan: "Dios te pido que uses este libro para dar libertad al cargado, al atado, al oprimido por las mentiras que la mente le esté diciendo. Declaro que al terminar de leer estas páginas, la persona que está sufriendo sentirá el descanso y la paz que solo viene de ti".

Nunca esperé pasar por esto, nunca creí que viviría lo que pasó, sin embargo, no me arrepiento ni por un momento de lo que experimenté, porque ahora gracias a ese proceso difícil es que puedo hablarte con claridad y confianza, y sé que Dios usará mi vivencia para animarte y ayudarte a creer que tú también serás libre de toda ansiedad y temor. Recuerda: "No nos ha dado Dios espíritu de cobardía, sino de poder, de amor y de dominio propio" (2 Timoteo 1:7).

¡NO ESTÁS SOLO!

—Coalo Zamorano

Capítulo 1

EL TSUNAMI DE MI VIDA

EL OCÉANO ERA profundo, sus aguas claras y tranquilas, el viento suave y refrescante. Parecía estar disfrutando un momento de plenitud y maravillosa calma. Estaba atento a mi vida, mis cosas, cuando de pronto, una serie sucesiva de olas se levantaron con energía formando una gran pared difícil de contener. Conforme las olas se aproximaban comenzaban a crecer en fuerza y dimensión. La velocidad que traían demostraba su gran ira destructiva. Estaban decididas a arrasar contra todo aquello que tuviera vida y esperanza.

Cada vez estaban más cerca de la costa, lugar donde me encontraba como cada día de mi realidad. En ese instante, todo se paralizó. Mi cuerpo parecía no responder a lo que estaba por enfrentar. Me sentía adormecido, sin reacción alguna. Un gran tsunami estaba frente a mí y venía a enfrentarme con fuerzas devastadoras, sin embargo, mi reacción fue simplemente intentar esconderme. Mi mente no pudo ni supo cómo responder, solamente intenté cubrirme y esperar.

El 2006 fue un año muy especial. Parecía que poco a poco todo iba tomando orden en mi vida. Grabé mi segunda producción de alabanza y adoración llamada "Eres mi pasión". Las puertas se estaban abriendo para mi vida y mi ministerio, todo comenzaba a rodar. Nunca pensé que ese mismo año ingresaría a un curso intensivo de crecimiento personal, familiar y ministerial.

Un día, a mediados de enero, mientras estaba almorzando con unos amigos en un restaurante mexicano en Houston, sin previo aviso, un ola grande como las de un tsunami me pegó una bofetada al alma; el pensamiento de muerte comenzó a taladrar mi mente, no podía detenerlo ni pensar en otra cosa, por más que lo intentaba. Llegó a mi vida una crisis que nunca antes vi venir...

Un poco de mi historia...

Para poder comprender un poco más lo vivido debes saber algo de mi historia. Hoy, al mirar hacia atrás puedo decirte que en mi familia de nacimiento había una maldición generacional de temores profundos que se originaban con una simple enfermedad o una situación difícil. Por ejemplo, mi abuela hace 80 años que vive muriéndose. Cada dolor de brazo que sentía era el origen de una enfermedad que la llevaría a la muerte. Mi papá también atravesó algunos episodios que lo llevaron a tener sensación de muerte. Creía que le daría un ataque al corazón y hasta se hizo un examen médico a causa de ello, pero todo estaba bien. Mi mamá tiende a preocuparse mucho. Siempre está pendiente de nuestra seguridad, pero basándose en temor, en especial por nuestros viajes, ya sea por carretera o por avión. Aunque no hay muertes traumáticas ni enfermedades de muerte que hayan abatido a la familia, hay un historial de temor en el cual viví durante toda mi vida. Cada una de esas situaciones de mi pasado había influenciado en mi presente.

En enero del 2006, visité la ciudad de Morelia, México, porque había nacido el primer hijo de mi hermana y anhelaba acompañarla en esta gran alegría. Una de esas mañanas me desperté con mucho dolor de oído y rápidamente pensé que un insecto había ingresado mientras dormía. Como la molestia era mucha, decidí ir al médico, quien me diagnosticó una infección en el oído y me recetó un antibiótico que debía colocarme durante unos días.

Al regresar a Houston, habíamos decidido ir con unos amigos a comer, pero antes de salir le pedí a uno de ellos que me ayudara a ponerme las gotas en el oído que el doctor me había recetado. Mi amigo, sin querer, me puso un chorro de medicamento. Al principio me preocupé, pero al pasar los minutos lo olvidé.

Una vez en el restaurante, nos encontramos al resto de los amigos y le pedí al mozo una rica sopa mexicana. Cuando comencé a tomarla mientras cargaba la cuchara comencé a ver sobre la superficie del caldo pequeños puntos blancos. Pensé que lo que estaba comiendo me iba a matar. Entonces recordé el exceso de gotas que había recibido en mi oído y al ver la comida en esa condición, los malos pensamientos se apoderaron de mí, pero no me decían que me iba a descomponer sino que me iba a morir.

Inmediatamente comencé a sentirme pesado físicamente. No tenía fuerzas para levantarme de la silla. El piso me estaba jalando. Quise hacer algo que desviara esas ideas, pero simplemente no podía. En mi mente me veía como cayendo muerto al piso, literalmente quedé paralizado.

Mis amigos no se habían dado cuenta, traté aparentar que me sentía bien, pero la verdad es que no sabía cómo iba a poder levantarme y llegar a mi casa. Me sentía tan mal que le dije a Dios que si me iba a morir, que primero me diera la oportunidad de ver a mi familia por última vez.

Aquella tarde salí del restaurante, manejé a mi casa y al llegar, lo primero que hice fue meterme en mi cama. Estaba temblando. Mi esposa Lorena, al verme entrar en esas condiciones se asustó y me preguntó qué estaba sucediendo. Con muy pocas palabras traté describir lo que me estaba pasando. Ella, sin titubear, me dijo: “Ve al piano y comienza a cantar alabanzas”. Me pareció un poco raro que ella me pidiera eso. Sin embargo, ahora sé que Dios la impulsó a decírmelo. Así lo hice, fui al piano, canté un poco pero realmente no podía concentrarme y regresé a mi cama otra vez con mucho temor. Mientras estaba recostado oré estas palabras: "Señor, si esta es la hora para ir a mi casa celestial, quiero que tú me lo digas. Quiero escucharlo de ti".

Cuando conocemos al Señor queremos vivir muchos años y si conocemos sus promesas sabemos que podemos pedir "largura de años" para nuestra vida. Uno de mis sueños es ver crecer a mis hijas, llevarlas al altar y sostener a mis nietos en los brazos.

Desde que conozco al Señor aprendí lo que dice Efesios 6:2-3: "Honra a tu padre y a tu madre, que es el primer mandamiento con promesa; para que te vaya bien, y seas de larga vida sobre la tierra". Siempre he honrado a mis padres no solo por amor a ellos sino pensando en las promesas de Dios porque quería una larga vida para disfrutar a mi familia. Es por eso que ayudo a mis padres como puedo, y cada vez que regreso de mis viajes los llamo para decirles que estoy bien y al mismo tiempo saber de ellos. Cuando uno es padre siempre está pendiente de sus hijos, entonces comprendes lo que ellos necesitan. Los que no honran a sus padres están perdiendo la fórmula y el secreto. Este es uno de los ingredientes faltantes de esta generación.

Dios me prometió ver crecer a los hijos de mis hijos, que me daría una vida larga y duradera. Pero aun así, el temor y la ansiedad siguieron dentro de mí.

Luego de orar, miré hacia mi mesita de noche y ahí estaba mi Biblia. La abrí pidiéndole a Dios que realmente me hablara a través de ella. Sin voltear una hoja hacia adelante o hacia atrás, mis dedos me llevaron directo al Salmo 128 que en los versos 5 y 6 dice: "Bendígate Jehová desde Sion, y veas el bien de Jerusalén todos los días de tu vida, y veas a los hijos de tus hijos. Paz sea sobre Israel".

Para ser honesto, aun después de haber leído esta palabra, dudaba, no podía creerlo, era demasiada coincidencia lo que el texto estaba diciendo. Entonces, tomé una vez más la Biblia y cuando la abrí en otra página me detuve en el Salmo 21:4 que dice: "Vida te demandó, y se la diste; largura de días eternamente y para siempre". No me quedó otra opción que aceptar que Dios me estaba hablando y afirmando que todo estaría bien.

Estos dos versos fueron mis "agarraderas". Estas palabras me sostuvieron durante todo este tiempo. Dios me prometió ver crecer a los hijos de mis hijos, que me daría una vida larga y duradera. Pero aun así, el temor y la ansiedad siguieron dentro de mí.

Hoy, mucho tiempo después, entiendo que Dios podía haberme hecho libre del temor en ese instante, pero Él tenía un plan trazado para mi vida, había un proceso que estaba a punto de iniciar y que me llevaría a alcanzar el propósito de Dios.

Capítulo 2

DESTINO: HOUSTON

EN EL 2002 Dios nos llevó a Houston, Texas desde la ciudad de Durango. Durante años les había dicho a todos que jamás viviría en los Estados Unidos, que solamente me gustaba ir a pasear un rato y hacer el famoso "shopping" (salir de compras) que muchos extranjeros hacen. En Durango como familia habíamos logrado tener una casa hermosa que pudimos construir desde el fundamento. Con mi esposa Lorena y nuestra primera hija disfrutábamos del auto que nos gustaba, y de todo lo que habíamos comprado allí.

Pero un día mi cuñado Marcos Witt me invitó a ser el líder de alabanza de la iglesia Lakewood, donde él pastoreaba al pueblo hispano y Joel Osteen a la iglesia anglosajona. Además, yo había asumido la vicepresidencia del grupo Canzion.

Todo esto determinó el traslado de toda la familia a la ciudad de Houston. Ante esta posibilidad, una de las cosas que le pedimos a Dios, fue que queríamos que esta oportunidad nos ayudara a crecer y aprender. Ese era uno de nuestros mayores deseos. Aunque hemos aprendido mucho de personas como Marcos Witt y Joel Osteen, con sus maravillosos mensajes nos han ayudado a vivir nuestra vida diaria de una mejor forma, la verdadera enseñanza vendría por otro lado.

Al llegar, inicialmente tuvimos que vivir en la casa de unos amigos y poco tiempo después pudimos comprar la nuestra. Al mes de haber arribado a esta ciudad, hubo una situación de separación (divorcio) familiar de una persona a las que queríamos mucho, y fue algo sorpresivo e inesperado para nosotros. No alcanzábamos a recuperarnos de esto cuando otro incidente familiar volvió a sacudir nuestras vidas. Junto a mi esposa entendimos que estas circunstancias eran un ataque directamente del enemigo. Así fue nuestra llegada a Houston.

Sin embargo, al mismo tiempo fue muy bueno que en esta misma ciudad estuviera viviendo Marcos, y también Nolita, su hermana gemela. Estar rodeada de estos afectos contuvo mucho a Lorena ante los momentos familiares difíciles que enfrentamos, pero estas vivencias comenzaron a influenciar sobre mí trayéndome temor. Mi familia fue afectada y todo eso acarreó mucha incertidumbre e inseguridad en mi interior.

Dos años más tarde, nos encontramos en una disputa familiar de las más complicadas que hemos vivido. Ahí estaba la respuesta a nuestra oración, un curso intensivo de vida, clases donde no necesitábamos libros y computadoras, sino aprender a vivir cerca de Dios y así saber que nuestra vida estaba en sus manos. Cuatro años después de haber llegado a Houston, experimenté mi primera crisis, el primer ataque de pánico en aquel restaurante mexicano junto a mis amigos.

El proceso de la prueba

La lucha fue intensa luego del ataque inicial, aunque por las siguientes dos semanas ese sentimiento de temor y ansiedad se había calmado bastante, hubo días donde realmente sentía que el pánico y los pensamientos oscuros querían tomar total control de mi vida. Esta situación afectó mi trabajo, mi creatividad, aun mi vida en mi hogar. Mi esposa y mis hijas fueron quienes, aunque nunca me lo demostraron, sintieron la falta de un esposo y un padre.

La prueba que debía atravesar era tan intensa que terminé yendo a un doctor para hacerme un chequeo físico, algo que nunca me había hecho en mi vida. Los que me conocen saben que uno de mis pasatiempos favoritos es comer (aunque no estoy gordo), es parte de mi vida, de mi cultura. Muchas cosas las relaciono con la comida, si voy a un viaje, una de las primeras cosas que me gusta saber es cuáles son las comidas típicas del lugar, los lugares favoritos de la gente de esa ciudad. Nunca me privé de nada ni me preocupé por el colesterol, el azúcar ni nada que pudiera alterar los niveles saludables de mi vida.

Cuando comencé a sentirme mal, una de las preocupaciones que pasaron por mi cabeza fue que algún desorden físico estaba alterando mi salud. Como consecuencia decidí hacerme todos los estudios necesarios entonces solicité una cita con el doctor. Antes de ir al consultorio estaba tan nervioso que tuve que pedirle a un amigo que me acompañara porque no podía manejar. Poco antes de llegar decidimos pasar a comprar algo para tomar, mientras tanto mi mente trabajaba a mil por hora intentando afirmarme que todo estaría bien. Por otro lado, los pensamientos de temor llegaban a mi mente diciéndome que el doctor encontraría algo malo y me daría un diagnóstico negativo.

La hora llegó. Entré al consultorio. Me tomaron la presión, mi corazón latía a mil por hora. La enfermera me notó nervioso y me dijo que no me preocupara, que todo estaría bien. Luego dijo que la presión estaba normal, y respiré profundamente. Después llegó la doctora y comenzamos a platicar. Le expliqué que nunca me habían hecho un chequeo y que específicamente necesitaba saber si estaba bien de salud.

En mi mente sabía que esto iba más allá de tomar una pastilla para hacerme sentir un poco mejor. Tenía que llevarlo al Trono de la gracia para recibir "mi oportuno socorro".

Después de algunas pruebas de sangre, sonogramas y electrocardiogramas, la doctora regresó con los resultados para hablar conmigo. Ahí estaba, sentada frente a mí, abriendo mi historia clínica. Mientras tanto, yo me armaba de valor para escuchar el reporte trágico que tendría para darme.

Lo primero que dijo fue: "Sr. Zamorano, usted está más sano que yo". Me quedé frío. En mi cabeza estaba seguro de que todo sería un caos, pero la doctora me aseguró que todo estaba bien. Aun así me dijo que haría unas cuantas pruebas más, y de la misma manera, todo estaba normal.

Al ver que los estudios demostraban mi buen estado de salud, decidí contarle a la doctora un poco más acerca de lo que estaba experimentando. Inmediatamente supo diagnosticarme y por primera vez en mi vida escuché las palabras "ATAQUE DE ANSIEDAD Y DE PÁNICO".

Al principio no entendí lo que me estaba diciendo. Me explicó un poco más acerca de cómo te hace sentir físicamente un ataque de ansiedad, y la extraña sensación de que estás a punto de tener un ataque al corazón o algo malo está a punto de ocurrir. Me quedé atónito. Después me ofreció recetarme un medicamento como un calmante, pero no acepté. Tenía una idea de cómo resolver esto. En mi mente sabía que esto iba más allá de tomar una pastilla para hacerme sentir un poco mejor. Tenía que llevarlo al Trono de la gracia para recibir "mi oportuno socorro".

Salí de ese consultorio un poco más animado y tranquilo sabiendo que físicamente estaba todo bien, sin embargo, estaba consciente de que tendría que tratar con esta situación de una manera más certera. La explicación de la doctora me ayudó muchísimo para saber cómo luchar más específicamente al respecto.

Capítulo 3

NUEVA CRISIS

PASARON ALGUNOS MESES con altas y bajas, días tranquilos y otros no tanto. Hasta que en julio de ese mismo año volví a tener una crisis, mucho más fuerte que la primera.

Marcos estaba trabajando su disco llamado "Alegría" y me invitó a ser parte de la grabación. Para mí por supuesto era importante participar de esta nueva producción. Estaba todo organizado para que viajara a Chile, lugar donde se haría la producción del proyecto. Para ello coordinamos un plan de viaje que comenzaba con unas vacaciones a Durango. Luego de mi descanso regresaría a Houston, posteriormente a un concierto en México y de allí a Chile. Finalmente volveríamos a Estados Unidos. La gira duraría cerca de 3 semanas, por ese tiempo no vería a mi familia.

Mis vacaciones comenzaron y junto con ese inicio una fuerte discusión familiar que disparó en mí nuevamente ansiedades y temores durante mi estadía en aquella ciudad. Luego debía regresar a Estados Unidos para iniciar la gira planeada. De acuerdo a lo organizado fuimos a la ciudad de Piedras Negras, en la frontera de México. Armamos todo, hicimos prueba de sonido, y comenzó la reunión. Me tocaba dirigir la alabanza y así lo hice. A los treinta minutos de haber iniciado el concierto me sobreviene esa sensación de temor y pensamientos de muerte, igual que la primera vez en aquel restaurante, pero esta vez fue más fuerte. Todo esto ocurría mientras estaba ministrando. Era un lugar donde nunca pensé que me iba a pasar. Luché por unos cuarenta minutos más, hasta que al final, no pude más y hablé con el pastor de alabanza de esa iglesia, quien tomó mi lugar. Me fui a la oficina del pastor y me acosté en posición fetal en un sillón. Los pastores venían a verme porque pensaban que me había bajado la presión, me trajeron a gaseosas y cosas con sal, intentando ayudarme, pero yo sabía que no era nada de eso, sino una sensación dentro de mí que no podía controlar. Me sentí muy mal por haber hecho esto. Sentía que le había fallado a la gente y a Dios.

Estábamos hospedándonos en una casa de campo y habían organizado una recepción encantadora para nosotros una vez finalizado el concierto. Habían preparado carne asada, frijolitos charros, guacamole, tortillas (si no eres mexicano quizás no entiendas de qué estoy hablando, pero te lo resumo en pocas palabras: Una delicia). Sin embargo, no pude disfrutar de todo eso. Llegué directo a mi recámara y ya no pude salir. Escuchaba a la gente conversar y reír, pero yo estaba encerrado. Solamente quería estar acostado y poder quedarme dormido.

La sensación de no estar en mi casa en Houston y saber además que mi familia estaba en Durango de vacaciones, despertó aún más temor. Toda la noche estuve sin dormir. Ya en la mañana estaba un poco más tranquilo y pude compartir un tiempo con las personas que nos habían invitado.

Al día siguiente regresamos manejando a Houston. Pero al llegar, la desesperación de que todavía faltaban dos semanas para volver a ver a mi familia, porque todavía tenía que viajar a Chile a la grabación de la nueva producción, siguió apoderándose de mí. Entonces decidí llamar a Marcos, decirle que no iba a poder viajar y comentarle lo que me estaba pasando. Me aconsejó que pida ayuda profesional porque no podría salir de esto solo.

Tiempo de buscar ayuda

Cuando experimenté el primer episodio, relacioné lo que estaba experimentando al gran estrés de grabar un nuevo disco. Pero cuando ocurrió el segundo me di cuenta que ya no era algo que pudiera controlar y que debía tomar decisiones. Cuando regresamos a Houston decidí buscar ayuda. Naki

Theo, el esposo de mi cuñada Nolita, me dio la información de un consejero de la iglesia que podía ayudarme con lo que estaba viviendo. Para mí era muy difícil dar este paso porque no quería que la gente supiera lo que me estaba ocurriendo, me daba mucha pena. Sentía vergüenza de que pensaran que era débil en la fe o algo por el estilo. Pero tuve que hacerlo.

Lo llamé. Le expliqué lo que me estaba ocurriendo. Me dio una cita y unas semanas más tarde me encontré con él. Nos reunimos en la oficina de la casa de mis cuñados, Naki y Nolita. Ese día no había sido muy bueno para mí, no me sentía muy bien. Tenía ansiedad y un poco de temor.

Así como yo he salido de este desierto por la gracia de Dios, tú también podrás salir.

Nos sentamos, me miró y lo primero que me dijo fue: "Coalo, no estás solo en esta situación. Hay miles de personas que sienten lo mismo que tú". Me quedé perplejo, yo creía que era el único que estaba viviendo una situación así. Saber esto me dio un poco de tranquilidad, no era solo yo el que estaba pasando por esta crisis, muchos otros experimentaban la misma situación.

Lo segundo que me dijo fue: "Esto va a pasar, no será para siempre". Casi lloré de solo pensar que un día no me sentiría más así. Honestamente me costaba ver la luz al final de túnel. Batallaba mucho con el hecho de creer que no habría una manera de volver a la normalidad.

Un pensamiento muy común entre cristianos es que como tales no podemos estar viviendo una situación de temor y ansiedad. Pero nos olvidamos que aun como cristianos pasamos por momentos obscuros, por situaciones difíciles en las que necesitamos ayuda de una mano amiga, de personas que no solo se compadecen sino que también pueden ayudarte a salir adelante. No permitas que las mentiras del enemigo te detengan, te acusen, te priven de hacer lo que tengas que hacer. La Biblia dice en el Salmo 23:4: "Aunque ande en valle de sombra de muerte"; muchos pasaremos por esos valles, por esos desiertos donde nos sentimos solos, desahuciados, abandonados, pero aun ahí, recuerda que Dios está contigo, que hay personas, que si les permites, te ayudarán, te animarán frente a esa situación. Y después de un tiempo, volverás tu mirada hacia atrás y verás el milagro de Dios. ¡Un rescate que nadie más pudo haber hecho!

Nos olvidamos que aun como cristianos pasamos por momentos obscuros, por situaciones difíciles en las que necesitamos ayuda de una mano amiga.

Esa semana experimenté una de las pruebas más difíciles de las que personalmente he vivido. Quizás al leer mi relato identifiques tus mismas sensaciones y vivencias, y digas: "*¡Wow!* Eso es exactamente lo que me ha estado pasando". Quiero decirte que así como yo he salido de este desierto por la gracia de Dios, tú también podrás salir. Un día mirarás hacia atrás y sabrás que Dios te sacó de ese pozo de una forma especial y podrás hacer lo mismo que yo: Declarar con certeza y seguridad que se puede vivir en paz.

Capítulo 4

ABRÍ MI CORAZÓN

Al hablar con el consejero comenzó el proceso de abrir mi corazón. Fue difícil y profundo. Dentro de mí había asuntos que ni yo pensé que existían, pero él insistió en que fuera lo más abierto posible para poder lograr salir adelante.

Expuse mi sentir y mi lucha desde mi infancia. Ciertos asuntos habían afectado mi vida. Le hablé de mi niñez, de circunstancias vividas que quizás habían hecho que tuviera mucho miedo y ansiedad. Entonces me pidió que seleccione y escriba cinco cosas que pudieron haber afectado mi vida de una manera importante.

Al hablar con el consejero comenzó el proceso de abrir mi corazón. Fue difícil y profundo. Dentro de mí había asuntos que ni yo pensé que existían.

Comencé a recordar algunas de ellas, fue interesante descubrir dónde había guardado emocionalmente las situaciones fuertes vividas. Seguramente no había dejado que esos sentimientos de temor y ansiedad salieran, y los escondí tratando de aparentar ser fuerte. Esta situación tuvo mucho que ver con lo que estaba viviendo. El consejero me explicaba que muchas veces hay situaciones que nos causaron temor, ansiedad, pánico y al no tratar las emociones en ese momento llega el día donde como una bomba explota y se agudiza todo.

Ahora entiendo que abrir el corazón a una persona de nuestra confianza que puede ayudarnos es crucial para crecer, aprender y dejar que la obra de Dios sea completa en nuestra vida. Una vez más les recuerdo, solos no podremos hacerlo. La única manera de salir adelante es cuando juntos como hermanos nos ayudamos unos a otros. Para mí fue una lección que jamás olvidaré, y desde entonces lo he puesto en práctica.

TEMORES DE MI VIDA

Desde niño fui una persona que se preocupaba fácilmente. Vienen a mi memoria momentos donde por situaciones familiares mis sentidos emocionales se alteraban. En ese entonces, mi familia y yo no conocíamos al Señor, por lo tanto vivíamos muchos instantes de tensión. Al mirar atrás recuerdo muchas situaciones de gran temor.

Crecí en una casa que no eran cristiana, íbamos a misa los domingos pero no éramos creyentes verdaderos. Siempre había muchos pleitos en mi casa. Mi madre discutía con mi padre y todos oíamos las discusiones. Estar en medio de los pleitos me daba mucho miedo. Me sentía muy mal al oír gritos o discusiones. Sentía una inseguridad que continuó por años. Recuerdo que mi hermano durante su adolescencia no tomó buenas decisiones y formó parte de pandillas, usaba cuchillos o navajas, esas situaciones hacían que el temor sobreviniera sobre mí. Aun siendo niño, temía que mi hermano no regresara. Todos estos temores fueron los que construyeron en mi vida un fundamento de inseguridad.

Recuerdo el año 1996, ya hacía dos años que estaba casado y mis padres vinieron de visita a nuestra casa. Ellos vivían en otra ciudad y para emprender su viaje de regreso tenían que salir muy temprano, casi al amanecer. Ese día me había sentido muy cansado y no me desperté para despedirlos, tenía demasiado sueño, igualmente los había saludado la noche anterior. Al despertar y ya no verlos, esa mañana me sentí incómodo por no haber hecho el esfuerzo de levantarme, y me preocupé que por mi culpa algo pudiera pasarles. Unas tres horas más tarde sonó el teléfono de la casa, antes de responder me puse muy ansioso. Sentí que era una llamada trágica y así fue. La comunicación era de mi hermano llamándome del hospital de un pueblo que estaba aproximadamente a una hora y media de carretera desde donde vivíamos, que habían tenido un accidente y que mi mamá estaba herida. Toda mi familia iba en este auto: mis padres, mis hermanos y un tío. Rápidamente salimos con mi esposa a ese pueblo. Conducía tan rápido como la carretera lo permitía. En cuarenta minutos llegamos al hospital, en un tramo que normalmente se hace en una hora y media. Inmediatamente vi a mi mamá, quien tenía varias heridas en su cara y su pecho. Mi hermano también estaba muy lastimado. Mi hermana y mi papá, gracias a Dios estaban bien.

Esta situación como muchas otras, fue guardada en mi mente, en una caja de memorias que muchos años después tendrían libertad de volar sin control y jugar con mis emociones.

También hoy mirando hacia atrás entendí que algunas situaciones vividas con mi familia despertaron temor en mí, a causa del respeto que les tengo a mis padres, en especial a mi padre ya que era muy rígido, aunque recuerdo una sola vez que me disciplinó, pero me bastó para ser respetuoso. Siempre que hay alguien en autoridad sobre mí tengo miedo de confrontarlo.

Con el pasar de los años este temor que sentía de joven con mis padres y hermanos, se extendió a mi esposa y mis hijas. Por ejemplo, cuando Lorena tenía que ir de compras, y luego de un tiempo no regresaba, comenzaba a preocuparme, y debía llamarla o salir a buscarla para confirmar que estuviera bien.

Si te encuentras pasando por una situación similar busca a alguien que te ayude, que le añada valor a tu vida y sepa guiarte.

Cada vez que me encuentro en una situación complicada tengo conversaciones con personas muy cercanas a mí y mi familia, son personas en quienes puedo confiar la información y sé que no van a abusar de ella. Sé que tengo su apoyo, sus oraciones, su buen consejo y sobre todo, su amor, que es lo que más nos sostiene. Pero hablar con este consejero trajo alivio a mi corazón. Porque realmente sentía desesperanza. Es una situación difícil porque yo amaba a Dios con todo mi corazón y oraba a Él pidiéndole su ayuda, pero cuando el temor llegaba no había forma de evitar la ola de sentimientos y sensaciones que me invadía.

Si te encuentras pasando por una situación similar busca a alguien que te ayude, que le añada valor a tu vida y sepa guiarte. Para algunos serán sus padres, para otros será sus pastores, sus líderes, un amigo o un consejero. Quien sea esa persona, busca ayuda y no aceptes la mentira de que podrás resolver el asunto tú solo, recuerda que hay personas dispuestas a caminar contigo este desierto.

Capítulo 5

APRENDER EN EL CAMINO

RECUERDO QUE EL domingo 31 de diciembre de 2007 decidimos junto a mi familia tomamos ese día para visitar la iglesia de un buen amigo norteamericano. Durante su prédica él compartió una historia que produjo un cambio en mi manera de orar. Hasta ese momento le pedía a Dios cada día por mi liberación. Cada mañana, con las fuerzas que tenía, pedía que ya no tuviera estos sentimientos de ansiedad y temor. Pero luego de escuchar esa enseñanza, mi perspectiva cambió por completo. Mi amigo contaba acerca de su niñez. Cada año su papá los llevaba en carro de su ciudad natal, Chicago, a Washington D.C., era un viaje que se había convertido en una tradición familiar. Todos los años ocurría lo mismo, se detenían en ciertos lugares claves, la mayoría históricos, para que su familia aprendiera acerca de su país. Mi amigo como cualquier otro niño perdía la paciencia cada vez que su papá se detenía para mostrarles algún edificio, iglesia, algún lugar con unas piedras que tuviera algún significado importante. Realmente a él no le importaba la historia, lo que quería era llegar a su destino lo más pronto posible. Sin embargo, hoy le agradece tanto a su papá por haber tenido la paciencia para enseñarles esa maravillosa historia.

Cuántas veces estamos en el camino de un proceso, de una prueba, de una circunstancia, y estamos desesperados por llegar al destino, lo único que queremos es llegar al otro lado. La enseñanza de ese día fue que cambiáramos nuestra oración, que en vez de pedir por llegar lo más pronto posible a nuestro destino, que pidiéramos a nuestro Dios que nos ayudara a aprender durante el camino.

Muchas veces Dios nos permite ingresar a caminos difíciles no porque quiere que suframos, sino porque Él puede ver el final y nosotros solo vemos lo que está delante. Dios ve todo el trayecto y también el final de ese camino. Sabe que cuando lo hayas logrado serás una persona más madura, con mayor conocimiento, realmente habrás crecido.

El elemento "desesperación" puede traicionarnos. Ese sentimiento nos trata de decir que salgamos corriendo, que hagamos una locura, que nos olvidemos de confiar y de esperar. El esperar es una virtud que muchas veces nos hace falta en nuestra vida. El esperar nos ayuda a ver con una visión más objetiva, con un toque de paz más consistente en nuestro corazón. Es por eso que esperar te ayudará a ver todo diferente, y así saber qué camino debes tomar, qué paso debes dar.

La enseñanza de ese día fue que cambiáramos nuestra oración, que en vez de pedir por llegar lo más pronto posible a nuestro destino, que pidiéramos a nuestro Dios que nos ayudara a aprender durante el camino.

ÉL PELEA MIS BATALLAS

El Salmo 4:8 dice: "En paz me acostaré, y asimismo dormiré; porque solo tú, Jehová, me haces vivir confiado". David estaba pasando por una lucha muy fuerte, estaba siendo perseguido, acusado, le costaba conciliar el sueño, pero recordó quién estaba con él, quién peleaba sus batallas.

Si tuviéramos que representar la frase "Vivir confiado" creo que la imagen del niño que está en su casa y no se preocupa por nada, es la correcta. ¿Has visto a un niño mordiéndose las uñas por alguna preocupación? ¿O quizás en el cajón de las medicinas buscando desesperadamente tomar algo para tranquilizarse? ¿Quizás has encontrado algún infante viendo la televisión con el control en la mano cambiado los canales, desesperado por encontrar las noticias para ver qué está pasando en el mundo, cómo está la bolsa de valores o buscando la tragedia del día? ¡Claro que no!

¿Quieres vivir confiado? Mira la vida de un pequeño de 3 o 4 años y aprenderás. Ellos se levantan, van directo a ver la televisión y buscan su caricatura preferida. Al rato pegan un grito: "Mamaaaaaaaaaaá tengo hambre". La mamá viene y le pregunta qué desea desayunar: leche, cereal, huevitos revueltos. Más tarde el niño se tiene que bañar, lo visten. Luego tiene hambre otra vez, abre el refrigerador y reclama porque no hay jugo de naranja. Así pasa todo el día, comiendo, durmiendo y jugando. Ya en la noche, después de haber gastado toda la energía posible, por fin se relaja y decide dormirse. Esta es la mejor parte de todas: Este niño no se va a la cama pensando qué pasará mañana, qué trae el futuro, cómo resolverá los conflictos de la vida. ¿Por qué no se preocupa por esto? Muy sencillo, porque su papá está en su casa, y por lo tanto, todo estará bien. La comida estará en el refrigerador y en la alacena, y la ropa seguirá en el clóset. Si papá está en la casa, no hace falta nada.

Hoy puedo decir que lo que viví me ayuda a aconsejar y guiar a otros.

David entendió que si él podría poner su vida en las manos de su Padre celestial, entonces cada conflicto, cada prueba, cada lucha estaría en control, porque Papá estaba en la casa, y por esa razón él podía dormir confiado.

Queremos tener la respuesta para resolver el problema, pero en oportunidades solo se necesita de tiempo porque es un proceso. El plan de Dios es que tenga vida en abundancia. En mi caso, el destino estaba muy bien, pero el transcurso estaba complicado y tuve que decirle: "Señor, enséñame lo que debo aprender en este viaje". Hoy puedo decir que lo que viví me ayuda a aconsejar y guiar a otros.

Si consideramos la "desesperación" que surge en el momento, esta nos lleva a tomar malas decisiones en el proceso. Si espero es porque tengo la "esperanza" de que llegaré a la meta. Si decido esperar, llegaré a tiempo, pero si me desespero en el camino no estoy seguro de que llegaré en las mejores condiciones.

Muchos médicos suelen recetar determinados medicamentos para estos casos, y quizás sea lo correcto, pero debemos saber que la pastilla en verdad solo calma una ansiedad momentánea. Es necesario reflexionar lo que en verdad está ocurriendo en mi vida. En mi caso yo decidí no tomar pastillas, quizás el proceso fue más lento, pero necesitaba estar totalmente consciente en mi camino para poder superar los obstáculos y avanzar. Nosotros tenemos el poder de decidir cuánto tiempo vamos a tardar en llegar. Un amigo siempre le dice a la gente: "Quisiera tener una *varita mágica* para simplemente tocarte y solucionar el problema. Pero la *varita mágica* la tienes tú".

Capítulo 6

PASOS A LA LIBERTAD

EN MI SEGUNDA sesión con el consejero inicié una caminata hacia la cima. No fue fácil, y sé que si estás viviendo en ansiedad y temor, estos pasos pueden ayudarte en el proceso. Sigue leyendo porque tengo la certeza de que Dios te abrirá tus ojos, secará tus lágrimas y sentirás su paz.

Iniciamos el proceso con una serie de preguntas que quizás hasta parezcan un poco infantiles, pero para mí fue el primer cincelado que Dios usó para derrumbar la mentira y recordarme la VERDAD.

PREGUNTA NÚMERO UNO

¿Estos pensamientos de temor, de ansiedad que estás teniendo vienen de cielo o del infierno?

Cuando el temor o la ansiedad llegan a tu vida te resulta difícil pensar aun en las cosas básicas y simples. Entendemos que esos pensamientos no vienen de Dios porque Él no nos ha dado espíritu de temor. Obviamente podemos decir con seguridad que provienen del mismo infierno. Es importante recordar que cada vez que estás pasando por un sentimiento de inestabilidad, eso que piensas, que sientes, no es producto de un castigo de parte de Dios. Cada día el acusador trata de convencernos de que lo malo que nos pasa tiene que ver con un castigo por no haber hecho las cosas bien. Sé libre de esa mentira. La única verdad que puedes recibir de esta pregunta es justo la respuesta.

En el texto de Jeremías 29:11 descubrimos cómo son los pensamientos de Dios para con nosotros: "Porque yo sé los pensamientos que tengo acerca de vosotros, dice Jehová, pensamientos de paz, y no de mal, para daros el fin que esperáis". Eso nos ayuda a entender muy claramente lo que esperamos de nuestro Dios: Planes de bien, un futuro mejor, buenas decisiones. ¿Por qué esperar eso? Porque así piensa Dios, y yo tengo que alinearme a sus pensamientos.

Es importante recordar que cada vez que estás pasando por un sentimiento de inestabilidad, eso que piensas, que sientes, no es producto de un castigo de parte de Dios.

Hoy, con los años, entendí que el haber visto películas de terror cuando era niño, no fue bueno para mí. Cuando tenía cerca de 12 años fui con unos amigos al cine a ver "El exorcista". Después de ese día estuve varias semanas sin poder dormir.

Pregunta número dos

Si esos pensamientos vienen del infierno, ¿son de Dios o del enemigo?

Obviamente son pensamientos que trae el enemigo a nuestra mente. La Biblia nos enseña que el diablo ha venido para robar, matar y destruir. Es interesante saber que Satanás no puede ver lo que hay en nuestro corazón, solo Dios puede hacerlo. Sin embargo, el diablo puede plantar sus mentiras en nuestra mente. Ese es su parque de diversiones. Ahí es donde juega con nosotros, donde puede controlar nuestra vida, si se lo permitimos.

Seguramente recordarás junto a mí la historia cuando Jesús fue al desierto por cuarenta días para prepararse a cumplir su propósito en esta tierra. ¡Qué interesante que Dios no le dijo: "Hijo mío, ve a un *spa* y disfruta la vida al máximo, porque los siguientes tres años van a estar muy difíciles!". Jesús se fue al desierto, a uno de los lugares más incómodos para vivir. Durante el día el desierto tiene temperaturas muy altas, el calor es insoportable. Por la noche la temperatura baja tanto que el frío es para congelarse. No hay agua. No hay sombra. No tiene un paisaje hermoso. Sin embargo, el desierto es uno de los lugares a donde Dios le gusta llevarnos para aprender, crecer y convertirnos en personas maduras y seguras.

En el desierto el diablo se le presentó a Jesús con varias propuestas: fama, autosuficiencia, fe falsa, riquezas. Le ofreció tirarse de un precipicio, básicamente lo animaba a quitarse la vida. Pero Jesús le respondió con sabiduría: "No tentarás al Señor tu Dios".

La siguiente propuesta del diablo, muy atrevida por cierto, fue que Jesús se postrara ante él, y como consecuencia le entregaría los reinos de este mundo. A lo cual Jesús con mucha humildad le dijo: "Solo al Señor adorarás, y a él servirás". Y la última fue: "Convierte estas rocas en pan". Me encanta la respuesta que Jesús le dio: "No solo de pan vivirá el hombre, sino de toda palabra que sale de la boca de Dios".

¿Ahora te das cuenta qué gran mentira el diablo te ha estado vendiendo? Ese pensamiento de que te vas a morir o de que algo malo está por sucederte, es una mentira barata que él te ofrece para desviarte de ese futuro brillante y prometedor que Dios tiene preparado para ti. ¡Rechaza la mentira y escucha la verdad de Dios!

Hay situaciones del pasado que muchas veces uno no ha resuelto y que debemos cerrar.

El temor no viene de Dios sino que el enemigo lo usa como su herramienta más efectiva ante el cristiano. El temor paraliza espiritualmente hasta dejarnos quietos y casi entrar a una depresión porque no estás en una etapa productiva de tu vida. Muchos se quedan allí si no tienen ayuda. El temor también es una distracción que nos roba la mirada desde donde debemos estar enfocados. El diablo utiliza nuestro pasado contra nosotros mismos, y se enfoca en nuestros errores. Y aunque Dios se olvida de nuestros pecados, el diablo los usa para recordarnos lo que vivimos y utiliza la culpa para paralizarnos.

Hay situaciones del pasado que muchas veces uno no ha resuelto y que debemos cerrar. Tuve que accionar para ver cuál era mi posición. Es necesario concluir lo que está sin cerrar, de lo contrario algún día nos va alcanzar.

"Airaos, pero no pequéis; no se ponga el sol sobre vuestro enojo" (Efesios 4:26). Este verso no solo habla de aquellos pequeños enojos que solo duran 24 horas, sino de aquellas situaciones de falta de perdón que duran mucho y nunca concluyen. El perdón es uno de los actores más importantes en este tema, porque el perdón trae paz, que es lo opuesto al temor. Incluso es importante el perdón a uno mismo. Yo tuve que perdonarme a mí mismo. Ya que a veces los pensamientos que me sobrevenían me hacían sentir culpable, se suponía que si yo era un buen cristiano no tenía por qué estar viviendo esto. Este pensamiento me traía una gran culpa, hasta que pude entender que debía perdonarme para quitarla.

PREGUNTA NÚMERO TRES

Si estos pensamientos provienen del enemigo, ¿son verdad o son mentira?

¡Por supuesto son una gran mentira! El enemigo es un gran mentiroso, siempre dice una mentira tras otra. Fue interesante ver que después de tanto tiempo de mentir se terminó creyendo sus propios engaños.

El diablo sabe que si insiste en decirte lo mismo vez tras vez, sin encontrar resistencia, lo más probable es que logre su cometido y convencerte de que lo que estás pensando es real y nada puede cambiarlo. Pero recuerda, la mentira no tiene fundamentos ni pilares, es solo una nube que aparenta algo que realmente no es.

¿Alguna vez te encontraste en medio de la neblina? ¿Puedes conducir en medio de una nube densa? Quizás puedes ver solo unos dos a tres metros delante de ti. Todo se ve gris. Pero ¿qué ocurre cuando sale el sol? La neblina se condensa y desaparece, y de pronto te encuentras manejando en un camino lleno de luz y sol, donde el paisaje es increíble, las montañas son imponentes y los valles verdes. Si hoy tu camino parece gris, debes saber que a través de esas nubes hay un paisaje que estás a punto de admirar. El diablo quiere destruirte, pero Jesús vino para darte vida y vida en abundancia.

Sol que limpia la neblina

Esa tarde, después de analizar lo que el consejero me había compartido, salí más tranquilo y confiado de aquella reunión. El darme cuenta que lo que me estaba pasando venía del mismo infierno, y que no era una realidad sino una neblina, fue un gran paso.

Tenemos que ser como niños y pensar en simpleza. Establecer una amistad íntima con Dios, o acercarnos a Él, nos va a ayudar a conocerlo.

El diablo es el padre de toda mentira, pero la mentira a veces se ve real y hasta las terminamos creyendo. El engaño del diablo es hacernos creer sus patrañas como verdades. Él quiere robarnos nuestro presente y de esa manera nuestro futuro. La fe es creer lo que no se ve, es estar seguro de lo que se espera. La fe viene por el oír la Palabra de Dios. Nada de esto tiene poder si no se empapa de la Palabra de Dios, que es nuestra arma eficaz. El antídoto de la mentira es la verdad, y la verdad está en su Palabra: "Busqué al Señor y él me respondió y me libró de todos mis temores" (Salmo 34:4). "Claman los justos, y Jehová oye, los libra de todas sus angustias" (Salmo 34:17). Estas son las promesas de Dios para con nosotros.

Tenemos que ser como niños y pensar en simpleza. Establecer una amistad íntima con Dios, o acercarnos a Él, nos va a ayudar a conocerlo.

Hay una ilustración que me ayudó mucho para entender lo importante que es saber con qué alimentamos nuestros pensamientos: Si tienes un perro blanco y otro perro negro, y le das de comer más al perro negro, obviamente el perro negro va a estar más fuerte. Por lo tanto, si estoy alimentando mi corazón con cosas buenas, que me van ayudar, voy a poder ser más efectivo cuando viene la prueba.

Recordemos que "Dios está cerca de los quebrantados de corazón" (ver Salmo 34:18). Dios está contigo. No estamos solos. No solo para ser nuestro superhéroe y destruir los planes del enemigo, sino también para caminar con nosotros durante los procesos. Debo reconocer que en mi proceso aprendí lo que no hubiera podido aprender en ningún curso.

Las preguntas que me hizo el consejero produjeron en mí un efecto dominó que me ayudó a desarmar argumentos simples arraigados en mi mente. Entonces volví a afirmar que el enemigo vino no solo a distraernos, sino a destruirnos. Vino a robar nuestro propósito, nuestro destino. Al paralizarnos nos roba la paz y el gozo, porque sabe que "el gozo del Señor es nuestra fortaleza" (ver Nehemías 8:10 NVI).

Capítulo 7

PENSAMIENTOS DE FE

UN DÍA, LEYENDO la Biblia en inglés encontré algo que me llamó la atención y me hizo reflexionar. Siempre hemos leído en la Palabra: "Porque no nos ha dado Dios espíritu de cobardía, sino de poder, de amor y de dominio propio" (2 Timoteo 1:7). Dios nos dio dominio propio para conducirnos en la vida. Mi asombro fue entender que para el mismo versículo hay una versión en inglés que dice que Dios nos ha dado "una mente tranquila". En otras palabras, tú tienes la capacidad de controlar tus pensamientos y determinar qué cosas dejas en tu mente y qué otras simplemente no deben estar ahí. No me refiero al autoconvencimiento. No es algo que se repite mil veces y quedó borrado. Es una renovación de la mente que tantas veces descuidamos.

Cuidamos mucho nuestros cuerpos, las dietas son la vanguardia en estos tiempos. Cuidamos nuestro corazón, quitando todo rencor, toda amargura, etc. Pero es tiempo de que cuides también tu mente, que les prestes atención a esos pensamientos que muchas veces han tomado el control completo de tu vida.

"No os conforméis a este siglo, sino transformaos por medio de la renovación de vuestro entendimiento, para que comprobéis cuál sea la buena voluntad de Dios, agradable y perfecta" (Romanos 12:2). Este texto nos revela la importancia de renovar nuestros pensamientos para que conozcamos su voluntad, que por cierto es buena, agradable, y perfecta.

Tú tienes la capacidad de controlar tus pensamientos y determinar qué cosas dejas en tu mente y qué otras simplemente no deben estar ahí.

Así como cuando tienes que hacer un cambio de aceite a tu automóvil, lo llevas al mecánico y le pides que le haga el servicio, ¿qué estás esperando? Imagino que al igual que a todos, esperamos que el mecánico le quite el aceite viejo, sucio, y le coloque aceite nuevo, transparente, con buena lubricación. Así mismo Dios está esperando que cambies esos pensamientos que han estado en tu cabeza por pensamientos de bien, que te guiarán por una buena senda.

Quizás esta frase se ha cruzado alguna vez por tu mente: "Siento que en este viaje algo malo me va a suceder. Mejor cancelo el compromiso y no voy". Ese pensamiento obviamente no tiene ninguna verdad, no tiene fundamentos, pero si no lo cambias, te quedarás ahí por mucho tiempo, sin disfrutar de la vida.

Pero...por qué mejor no pensar de esta manera: "No temeré. Dios es escudo alrededor de mí. Él guarda mi entrada y mi salida desde ahora y para siempre". Si te aferras a esta verdad, te aseguro que cuando el pensamiento negativo quiera controlar tus decisiones, recordarás estas palabras y estarás nuevamente en control de tu vida.

Si no hubiera entendido este versículo y lo hubiera puesto en práctica, hoy no viajaría en aviones rumbo a tantas ciudades preciosas como las que visito. No hubiera tenido la dicha de conocer ciudades como Madrid, ni tener el privilegio de hacer amigos maravillosos como los que hoy son como hermanos para mí.

Cuando sentimos que esa ola de ansiedad y temor viene sobre nosotros, y nos detenemos a pensar: "Me va a revolcar, me va a hacer pedazos", y empezamos a luchar para detenernos y le damos toda nuestra atención. Pero es necesario saber que toda ola que es grande en el medio del mar, termina siendo pequeña en la orilla de la playa. Si no le das la atención que pide de ti, en pocos minutos termina perdiendo fuerza. Realmente lo apliqué a mi vida y fue muy bueno.

El ejercicio que hoy hago es: Me doy cuenta que viene la sensación y me paro firme sabiendo que no va tomar control de mi vida. Decido no darle la atención que quiere que le dé. A los minutos descubro que no tiene ya fuerza sobre mí. Cuando el pensamiento viene, no le doy lugar, ni siquiera lo trato de analizar, porque no merece mi atención. Si me detengo toma control sobre mi vida. Desarmo el pensamiento para quitarle fuerza y poder sobre mí, y construyo nuevamente el pensamiento desde promesas de Dios para mi vida y los pensamientos que Dios tiene para mí y sobre mí. Esto me ayuda a no detenerme en lo negativo sino en lo positivo de mis pensamientos.

¿Te das cuenta? La nube se veía gris, confusa y hasta tétrica, pero al darme cuenta de que la nube no es lo que parece, me ayudó a entender la verdad y vivir tranquilo.

El único amor perfecto es el que Dios nos da al hacernos saber que está con nosotros, y que desea demostrárnoslo. Así lo ha hecho desde que entregó a su único Hijo por nosotros, hasta el último detalle como por ejemplo encontrar un lugar vacío en un estacionamiento en un centro comercial repleto. Dios nos demuestra su amor, su favor.

Es importante ver lo que Dios ha sido en tu vida. Contempla tu familia, observa a los amigos que te rodean, la iglesia donde te congregas, tus pastores y líderes que están ahí siempre para ayudarte. Dale gracias a Dios por la provisión sobrenatural que tienes sobre tu cabeza y sobre tu mesa. Eso, poco a poco, comenzará a echar fuera ese sentimiento de temor, inseguridad y desesperanza.

Comienza a llenarte del amor de Dios. ¿Cómo puedes hacerlo? Lo primero que suelo hacer es ser agradecido a Dios y "dar gracias a en todo y por todo", no importa lo que te esté pasando. Sé que en muchas ocasiones es muy difícil dar gracias, ya sea mientras enfrentas una enfermedad, alguna circunstancia difícil. Pero aún si no comprendes lo que te está ocurriendo, siempre da gracias. Esto te llenará de amor y no permitirá que el temor te siga agobiando. Debes ser libre mental y físicamente.

Reacciones biológicas

En una de las sesiones que tuve con mi consejero me explicó lo que ocurre físicamente en el momento de la ansiedad. Hoy creo que es de suma importancia discutir y tratar ese tema. A veces pensamos que si resolvemos lo espiritual, no tenemos que hacer nada con las otras áreas, pero pensar así sería lo mismo que no cuidar lo que comemos, nos damos un atracón y no queremos pensar en el colesterol. No podemos vivir así. Es necesario comprender ambos aspectos. Por esa razón, es vital considerar lo siguiente:

Nuestro cerebro es una obra de arte, tiene la capacidad de razonar hasta el último detalle, en segundos su procesador funciona a una velocidad que ninguna computadora podría. Así como tiene esa capacidad de razonar también la tiene para REACCIONAR.

El cerebro se compone por dos hemisferios, pero en medio de esos dos hemisferios se encuentra un órgano muy importante que se llama la *amígdala cerebral*. Este órgano funciona un poco diferente, no razona, solamente reacciona. Su papel principal es el procesamiento y almacenamiento de reacciones emocionales. La amígdala envía proyecciones al hipotálamo, encargado de la activación del sistema nervioso autónomo para incrementar los reflejos de vigilancia, paralización y escape y al nervio trigémino y facial para las expresiones de miedo. También envía un mensaje para la activación de neurotransmisores de dopamina, noradrenalina y adrenalina.

Por ejemplo, esta es la situación: Estás manejando por una carretera cargada de tráfico, el clima está difícil, por cierto está lloviendo. Tu cerebro está procesando la información, decidiendo por dónde ir, dando órdenes de guardar la distancia entre tu carro y los demás para de esa manera evitar algún accidente. Te encuentras pendiente de lo que está sucediendo a tu alrededor, miras por los espejos retrovisores para chequear que todo esté bien. De repente, sin mayor aviso, adviertes por el espejo que otro vehículo está a punto de colisionar contigo. En ese instante el cerebro deja de razonar, no hay tiempo para eso. No estás pensando qué hacer, si frenas o si cambias hacia el lado derecho de la carretera. Simplemente y sin explicación viras el volante, frenas, aceleras y vuelves a girar. Cuando menos te das cuenta lograste salir ileso de ese posible trágico evento.

¿Te ha pasado? ¡A mí sí! Créeme, unos segundos después quedan restos de ansiedad en mí, las manos sudadas y mi corazón parece salirse del pecho. ¿Qué sucedió? La famosa amígdala cerebral cumplió su función en el momento más necesario, envió adrenalina a todo el cuerpo e hizo que tomara decisiones que normalmente no tomaría.

De la misma manera cuando estamos viviendo ataques de ansiedad o de temor, lo que está sucediendo es que esa amígdala está tomando control sobre el cerebro, es decir, no estamos razonando, solo reaccionando a una situación que solo imaginamos tal como ir conduciendo y piensas que algo malo te va a suceder o ir caminando y piensas que algo va a caer sobre tu cabeza.

Seguramente has visto a los corredores de carrera de 100 metros preparándose. Algunos de ellos tienen la esperanza de romper algún record, pero segundos antes de salir disparados por esos carriles, experimentan ataques de ansiedad, su corazón va a mil por hora, sus manos están sudadas, etc. Los síntomas son los mismos que sienten aquellos que están atravesando un momento de pánico, la diferencia es que ellos han aprendido a canalizar esa adrenalina y ansiedad en algo positivo, lo usan para motivarse a ganar, a llegar primero, a no dejar que nadie les robe su premio. ¡Tú y yo podemos hacer lo mismo! No importa cuál sea la situación, redirige esas emociones. Cambia tu manera de pensar y canaliza tus fuerzas hacia algo bueno.

Capítulo 8

TODO COMIENZA A VERSE MEJOR

FUERON TIEMPOS MUY intensos, meses de desesperación, de situaciones que jamás pensé que viviría. Sin embargo, a pesar de nuestros desiertos, Dios sabe lo que está haciendo. Él dirige nuestros pasos.

Era agosto del 2006 cuando estaba por viajar a Venezuela, ya los ataques de ansiedad se habían calmado, el tiempo que tuve con mi consejero me ayudó muchísimo para saber cómo manejar esos momentos de ansiedad y temor. Este era el primer viaje que estaba por hacer después de haber pasado por un segundo episodio muy fuerte de ataques de ansiedad, pero con los consejos, la oración y la lectura de la Palabra, sabía que todo estaría bien.

Un día mi cuñado Marcos estaba platicando con una de las líderes de la iglesia y le comentaba la situación que yo había atravesado, ella le expresó que había atravesado por lo mismo y le recomendó que leyera un libro llamado *From Panic to Power* (Del pánico al poder) de Lucinda Basset. Inmediatamente lo ordené por la internet y llegó a mis manos justo el día que viajaba a Venezuela. Decidí llevármelo para leerlo durante el viaje.

Mi esposa me llevó al aeropuerto y mientras ella manejaba, yo estaba chequeándome, viendo cómo me sentía, si había ansiedad, si mis pensamientos estaban tranquilos. Me repetía a mí mismo: "Todo va a estar bien".

Llegamos al aeropuerto, mis músicos todavía no habían llegado, así que me registré solo. Todo iba muy bien hasta que pasé por la máquina de rayos X. Justo después de haber salido de ahí sentí una vez más una ola de ansiedad. Mis manos estaban sudando frío. Veía a la gente y me sentía atrapado. En ese momento vi a mis músicos y aunque traté de disimular lo que estaba pasando, no pude. Estuve muy cerca de llamar a mi esposa para que viniera a buscarme al aeropuerto y regresar a casa. Sentía que no podría subirme al avión. Al mismo tiempo oraba y le pedía a Dios que me ayudara a salir adelante. Pero decidí aguantar y no llamar a nadie, no podía concebir que las personas que nos habían invitado pagaran el precio de lo que me estaba sucediendo.

Llegó el momento de abordar el avión, y hasta el día de hoy no recuerdo cómo lo hice, solo viene a mi memoria cuando estaba de pie adentro de la cabina tomando el libro que ese día me había llegado. Me senté y sin pensarlo comencé a leer. Fueron aproximadamente cinco horas de vuelo, y durante ese tiempo no me moví de mi lugar.

A la hora de estar leyendo comencé a sentir algo diferente, era como un bálsamo que corría sobre mi cabeza y mientras descendía, la sensación de ansiedad iba desapareciendo. Recuerdo llegar al aeropuerto de Caracas y sentirme tan bien. Estaba tranquilo, relajado, feliz de estar ahí. Los siguientes tres o cuatro días fueron maravillosos. Aun en medio del viaje hubo momentos donde la ansiedad y el temor quisieron regresar, pero gracias a esta herramienta que Dios me mandó, pude controlar esos pensamientos.

A partir de ese viaje todo comenzó a verse mejor. Hubo un gran cambio. Hasta el día de hoy me ha ayudado a controlar y no permitir que esas emociones tomen control de mi vida.

Una verdad física y espiritual

El libro que leí explicaba que no importaba lo que haya sucedido, venga de adentro o de afuera, cuando aparece un momento repentino de ansiedad, este envía una señal inmediatamente al cerebro donde se activa una alarma destinada a que la hormona llamada adrenalina sea secretada. Así comienza todo. Nuestro sistema nervioso ha recibido la información de que algo no está bien, hay peligro.

Como explicaba en el capítulo anterior, esta reacción bioquímica no es un error de nuestro sistema nervioso, todo lo contrario, es una parte vital de nuestro mecanismo. Por ejemplo, si estuvieras en el supermercado y de repente una persona saca un arma y la pone en tu cabeza, eso es una situación externa, real, por lo tanto es obvio que tu sistema registra que algo no está bien. Es así que de repente la adrenalina y el cortisol comienzan a correr por tu cuerpo. El sistema nervioso está hipersensible, y reacciona cuando recibe estos estimulantes, con lo que llaman a "pelear o volar". Es como si han llamado a las fuerzas especiales internas y están listas para pelear o para salir corriendo. Todos los sistemas del cuerpo están preparados para desplegar los recursos necesarios para sobrevivir. Esta es la respuesta de un sistema saludable que trata de protegerse.

Cuando surge en nosotros un pensamiento interno de ansiedad, la respuesta del cuerpo a través del sistema bioquímico es la misma. En este caso la ansiedad está generada por la mente, y como si lo estuviéramos viviendo en la vida real nuestro corazón comienza a latir rápidamente, transportando oxígeno a los músculos en las piernas y brazos. El estómago, un centro vulnerable que en el combate necesita protección, se contrae, mientras la sangre se aleja de él.

Una tarde percibes un malestar fuerte de estómago, tienes náuseas, dolores, y rápidamente piensas: "¿Y qué si tengo cáncer en el estómago?". Ese pensamiento junto a algunos otros envía la señal de alerta y la sangre comienza a correr por los brazos y piernas. Los dedos de tus manos y pies se ponen fríos. Sientes calambre y piensas: "Quizás sea esclerosis múltiple". Como tu corazón comienza a palpitar rápidamente surge un nuevo pensamiento: "¿Y qué si me da un ataque al corazón?". No hay nada que puedas hacer con tu sistema sobreestimulado. A este punto ya estás a un paso de un ataque de pánico. ¿Te das cuenta de lo que nos hacemos a nosotros mismos?

Si estás pasando por alguna situación similar te sugiero que hagas un chequeo médico, como lo hice yo, de esa manera puedes descartar cualquier alteración física de tus síntomas.

¿Te da miedo que el doctor encuentre algo malo? Es entendible. Así es como yo me sentía. Pero la verdad, seguir con la obsesión de que algo está mal es peor que la corta ansiedad que sentirás por haber decidido ir al doctor. Tu mente puede llegar a un ataque de pánico por el solo hecho de estar pensando en que te va a dar un ataque al corazón, que tienes cáncer o un tumor en el cerebro. Lo más probable es que no tengas nada, que estés saludable. Seguramente el doctor te dirá como me dijo a mí: "Sr. Zamorano, ¡usted está mejor de salud que yo!". De esa manera tu mente descansará y podrás enfocarte en cómo vencer el verdadero problema: la ansiedad.

Y si hay algo que está físicamente mal, por lo menos lo sabes y puedes tomar decisiones al respecto. Lo que hice yo fue recibir el reporte médico y una vez que quedó descartado todo tipo de problema físico, pude enfocarme en lo que estaba sintiendo.

Hasta hace algunos años atrás no tenía idea de qué significaba tener un ataque de pánico. Muchos están pasando el día de hoy sin saber qué es lo que sucede. Por eso pienso que es importante ayudar a conocer más acerca de este tema.

LIBRE EN LA VERDAD

Recuerda que la Biblia dice: "Conocerás la verdad y la verdad te hará libre" (paráfrasis de Juan 8:32). Ese es el elemento más importante para poder vencer. Es necesario conocer cuál es la verdad. Recuerda que el parque de diversiones del enemigo es la mente. Él no puede ver que hay en nuestro corazón, pero si puede poner pensamientos que nos hagan alterar nuestras emociones. Para ello debemos saber que una enfermedad mental no es lo mismo que un desorden emocional. Y la ansiedad o el ataque de pánico no es una enfermedad mental.

Los desórdenes mentales como la esquizofrenia o la depresión crónica, son problemas meramente químicos y biológicos, donde genera una distorsión de la realidad. Generalmente estas enfermedades hay que tratarlas con medicamentos de por vida.

Las personas que experimentan temor piensan demasiado en sus circunstancias, es decir, le dan vueltas y vueltas a esos pensamientos generando que la verdad se distorsione y a causa de ellos se activa esa emoción sin control llamada ansiedad o ataques de pánico.

La ansiedad es una emoción, por lo tanto la puedes controlar. Te recuerdo el versículo que dice: "Porque no nos ha dado Dios espíritu de cobardía, sino de poder, de amor y de dominio propio" (2 Timoteo 1:7). Tú puedes tomar el control de tus emociones.

Todos experimentamos ansiedad en diferentes niveles. Saber esto debería darte un poco de tranquilidad, a muchas personas le ocurre lo mismo. Tu reacción hacia la ansiedad determina si la mantendrás bajo control o dejarás que ella te controle a ti.

Hay dos clases de ansiedad. La primera es externa y producida por circunstancias externas. Por ejemplo, un *show* de televisión dramático, el tráfico que está cada vez más difícil y te preocupas porque llegas tarde al trabajo, quizás un argumento fuerte con tu pareja, o alguna experiencia fuerte al inicio del día. Si alguien trata de ingresar a tu casa, crea una reacción de ansiedad porque te preocupas si tu familia corre peligro. Estos son ejemplo de situaciones que pueden producir ansiedad como una reacción normal para cualquier persona. El segundo tipo de ansiedad es el interno. Comienza con un pensamiento, algo tan sencillo como "y qué ocurriría si". Este pensamiento crea una reacción en cadena de otros pensamientos: ¿Qué ocurriría si lo que dije no le gustó a mi esposo? ¿Y si se molesta? ¿Y si me abandona? ¿Y que si me quedo sola y me pasa algo? ¿Y si me vuelvo loco y nadie me puede ayudar? ¿Y si me pongo a llorar sin parar y no puedo respirar? ¿Y si me muero?

Todos experimentamos ansiedad en diferentes niveles. Saber esto debería darte un poco de tranquilidad, a muchas personas le ocurre lo mismo.

Un pensamiento crea el siguiente, y cuando menos lo imaginas has formado en tu mente un cuadro perfecto de caos y desorden, solamente yendo en círculos sin lograr nada, únicamente sintiéndote frustrado en todo momento.

Hay miles de preguntas que surgen en nuestra mente. Seguramente algunas de ellas se instalaron en tus pensamientos alguna vez. Por ejemplo: ¿Y si me enfermo? ¿Y si subo al avión y se cae? ¿Y si voy a un centro de compras y me da un ataque de pánico? ¿Y si alguien me choca en la carretera? ¿Y si pierdo mi trabajo? ¿Y si no puedo pagar la cuota de la hipoteca de mi casa? ¿Y si me da un ataque al corazón?

Capítulo 9

"Y QUÉ SI..."

ESTE ES UN punto clave en el proceso de libertad de temor y ansiedad. Porque cuando una persona está luchando con estos pensamientos, aparentemente todas sus circunstancias alrededor parecen trágicas, sin embargo, en realidad no necesariamente es así.

El juego en la mente con los "y qué si..." es muy interesante, ya que todo lo que estamos sintiendo y creyendo que está pasando es algo malo, por eso no importa lo que estemos haciendo o donde estemos, todos nuestros "y que si..." por lo regular serán negativos.

Por ejemplo, cuando estaba viviendo bajo el temor todos mis "y que si..." se volvieron trágicos. Si quería ir a la tienda a comprar algo, yo pensaba: "Y que si voy a la tienda con el automóvil y alguien me choca en el camino". O cuando pensaba en querer hacer ejercicio, lo que mi mente me decía era: "Y qué si salgo a correr y me da un ataque al corazón". El viajar es parte de mi vida, a causa de lo que estaba viviendo por un buen tiempo luché con él: "Y qué si viajo y le pasa algo al avión, y se cae". Estos "y qué si..." tienen mucha influencia sobre nuestros pensamientos y por consecuencia afectan nuestro diario vivir, las actividades más sencillas son truncadas por no saber qué hacer con estos "y qué si...".

El reto que tenemos es hacer el cambio en el "interruptor", hay que reentrenar nuestra mente. Toma tiempo, pero déjame que decrete que SÍ funciona.

Aprendí algo en ese tiempo, cuando estos pensamientos negativos llegaban a mi mente inmediatamente cambié de un "y que si..." negativo por un "y que si..." positivo.

Por ejemplo:

"Y qué si salgo a manejar y nada pasa, y disfruto llegar a mi destino, y escucho buena música en el auto".

"Y qué si como esa rica comida y no me hace daño, y paso un lindo tiempo con mis amigos o familiares".

"Y qué si hago ese viaje y la paso increíble, y veo una buena película en el avión".

Tú tienes el poder de cambiar esos pensamientos, es solo comenzar a entrenar tu mente, como dice la Palabra: "renueva tu mente".

Tú puedes bajar de esa rueda cuando quieras. Recuerda que la ansiedad no es un monstruo ni una enfermedad crónica que requiere medicamentos de por vida. Es algo que nosotros mismos creamos. Pensamos lo peor y nuestros pensamientos se convierten el generador de una reacción bioquímica en nuestros cuerpos.

Es refrescante saber que no somos víctimas, sino que la mayoría de las veces nosotros creamos la ansiedad, por lo tanto podemos controlarla. Si tú creaste los pensamientos negativos, tú puedes controlarlos y detenerlos.

Dios quiere que disfrutes tu vida al máximo, que disfrutes cada vivencia y experiencia, y vivas una vida plena. Esa es su voluntad, pero nosotros somos quienes tenemos la responsabilidad de renovarnos, de alimentarnos bien, de filtrar y no dejar que el enemigo quiera distraernos de llegar a esa vida agradable y buena que Dios tiene para cada uno de nosotros.

Es refrescante saber que no somos víctimas, sino que la mayoría de las veces nosotros creamos la ansiedad, por lo tanto podemos controlarla.

VENCIENDO LA ANSIEDAD CON LA VERDAD

El año 2008 fue otro trayecto que mi familia y yo caminamos, pero esta vez fue diferente. En enero dejé de trabajar en la empresa a la cual pertenecí por dieciocho años. En un proceso de ajustes y reestructuración, me quedé sin trabajo en aquella compañía. Siete meses antes, Dios permitió que compráramos una casa que habíamos visto cuando recién habíamos llegado a Houston en el 2002. Años después, en mayo del 2007 y gracias a la provisión de Dios pudimos comprarla. Pocos meses después me encontraba sin trabajo, por lo que llegué a considerar venderla y mudarnos a un pequeño departamento.

Esta fue una prueba muy fuerte para mi vida, ya que los últimos dos años todo lo que sucedía a mi alrededor estaba controlado por la ansiedad y el temor. Al mismo tiempo, durante estos dos años pasé por una sequedad creativa muy difícil. El año 2006 y 2007 prácticamente no pude hacer casi nada musical. No soy músico de estudio, no sé leer partituras, la mayoría de las cosas que hago musicalmente están basadas en inspiración. Y durante esta etapa toda mi energía y concentración estaba en sobrevivir. Me sentía muy frustrado, desmotivado, no tenía ganas de grabar una nueva producción. La gente no cesaba de preguntar cuándo haría algo nuevo, yo solo me contestaba a mí mismo: "Creo que nunca".

A pesar de estos sentimientos encontrados con respecto a todo lo que había vivido y experimentado a través de esta ansiedad, me di cuenta de lo que Dios me había ayudado a aprender. Esa fue la verdad que comenzó a empujarme para avanzar en lo que Dios tenía delante de mí.

Dios escucha nuestra oración y está listo para ayudarnos, bendecirnos y mostrarnos su provisión.

Aprendí también otra verdad muy fuerte: Dios es mi PROVEEDOR. Jehová Jireh. Mientras pensaba en mi situación con la casa, mi economía o mi falta de economía, Dios me habló de una manera muy clara y me hizo estas preguntas: "¿Quieres arreglar tu situación? ¿Quieres ver cómo logras salir de esto? ¡Adelante! A ver cómo te va. Pero también podrías darme una oportunidad para mostrarte mi provisión y que te des cuenta que yo estoy contigo, que prometí que nada te faltaría. Así que, tú decides". En ese momento respiré hondo, y decidí por la segunda opción, puse todo en sus manos.

Han pasado ya algunos años desde que viví esto, y para animarte y asegurarte que Dios también quiere hacer lo mismo contigo, he pagado puntualmente cada mes de deuda de la casa, no me ha faltado nunca el dinero. Al decidir que Dios tomara el control de mi situación financiera, todo se encaminó. Dios escucha nuestra oración y está listo para ayudarnos, bendecirnos y mostrarnos su provisión.

Capítulo 10

APRENDER A DESCANSAR EN DIOS

SUELE SUCEDER QUE cuando pasamos por estos tipos de ansiedad, temor y ataques de pánico, pensamos que Dios se ha olvidado de nosotros, que ya no nos escucha. Sientes que te han abandonado, como el hijo huérfano que han dejado en alguna puerta de una casa. Estás ahí llorando sin que nadie te ponga atención. Para mí, ese sentimiento de abandono duró unos cuantos meses. Me sentía solo. Es interesante ver que en los momentos más difíciles de la vida es cuando más aislado puedes encontrarte. Por alguna razón tus amigos parecen distantes, y así traduces el sentimiento hacia Dios y obviamente como no lo podemos ver y oír, comenzamos a dudar, a dejar que esos pensamientos nos ataquen haciéndonos sentir totalmente defraudados y abandonados.

Pero tú y yo sabemos la respuesta a esta pregunta: "Dios está a tu lado. Él te escucha, está pendiente de tus necesidades, de tus luchas y dificultades". El Salmo 23:4 declara: "Aunque ande en valle de sombra de muerte, no temeré mal alguno, porque tú estarás conmigo".

Recientemente estaba en un congreso de adoración muy especial, y cuando tuve que ministrar pude compartir un poco de mi experiencia con la ansiedad. Al finalizar esa reunión una persona se acercó para decirme que estaba pasando por esta situación también y quería algún consejo. Me comentó un poco de su historia con esta lucha. Me llamó mucho la atención ver cómo se sentía tan sola. En primer lugar, ella creía que era la única que estaba pasando por algo así. Otra razón por lo cual se sentía tan sola era porque su familia no la podía comprender por más que ella trataba de explicarles cómo se sentía. Muchas personas se sienten solas, creyendo que nadie las comprende, que nadie entiende la lucha que están librando. Sin embargo, déjame decirte que Dios te escucha, y desea que seas libre de eso.

Una de mis oraciones fue el poder volver a tener la inspiración creativa que yo sabía que Dios me había dado. Gracias a la ayuda de varios amigos pude dividir una parte del garaje de casa y adaptarlo para trabajar en las producciones. Un día en enero del 2008, estaba en aquel cuarto que acababa de terminar, emocionado de vivir uno de mis sueños, y mientras tenía un tiempo con el Señor, abrí mi Biblia para leer y encontré un salmo que creo nunca antes haber leído, el Salmo 33. ¡Fue un tiempo muy especial esa mañana! Dios le habló a mi corazón de una manera tan personal y especial.

Escogidos en heredad

El versículo 12 del Salmo 33 comienza diciendo: "Dichosa la nación cuyo Dios es el Señor, el pueblo que escogió por su heredad" (NVI).

¡Qué verdad tan fuerte! Si te das cuenta, dice que somos dichosos los que le hemos escogido, somos más que bendecidos, felices, afortunados de ser de Jesús, porque Él te ha escogido para recibir su herencia.

La realidad es que muchas veces nos encontramos en dolor, temor y angustia, pero en esos momentos Él está ahí para derramar de su paz sobre nuestro corazón.

Jesús antes de partir dijo: "Mi paz os dejo, mi paz os doy, no como el mundo la da" (paráfrasis de Juan 14:27). Hoy en día vivimos agobiados por el estrés e intentamos contrarrestar todas estas emociones con fórmulas humanas, terapias extrañas, aromas, etc. El mundo tiene una manera de suplir este sentimiento de paz, y con muchas limitaciones trata de hacerlo, pero recuerda que Jesús dijo que nos dejaría un tipo de paz que sobrepasaría nuestro entendimiento. Es decir, que va mucho más allá de nuestra ideología, de cómo debería de ser. La paz que Él nos da es aquella que aun en medio de ansiedades, temores, nos deja saber que todo está bien. Como él está con nosotros todo tendrá un buen final. Esa es la paz que yo quiero tener. Esa es la herencia que tengo de él: "En el mundo tendréis aflicción; pero confiad, yo he vencido al mundo" (Juan 16:33).

Jesús no prometió que nuestra vida sería perfecta, que viviríamos como en una nube donde todo es lindo y de muchos colores. La realidad es que muchas veces nos encontramos en dolor, temor y angustia, pero en esos momentos Él está ahí para derramar de su paz sobre nuestro corazón, sobre nuestra mente para vivir tranquilos.

SU MIRADA SOBRE NUESTRA VIDA

El Salmo 33:13 (NVI) continúa: "El Señor observa desde el cielo y ve a toda la humanidad".

La canción "Tu mirada" interpretada por Marcos Witt dice: "Sé que no puedo negar que tu mirada puesta en mí, me llena de tu PAZ". Los que somos padres podemos entender un poco más este verso. No sé cuántas veces me he encontrado en lugares con mucha gente, a veces en conciertos, otras veces en algún lugar después de haber ministrado, y es un poco difícil para mí concentrarme en una conversación con otra persona, porque cuando mi familia me acompaña a estos viajes lo que más me preocupa es que ellos estén bien, que nos les falte nada. Si algo sucede quiero estar ahí primero que nadie para levantarlas, consolarlas, pero sobre todo para que sepan que no están solas, que yo las cuido, y que mientras yo esté con ellas, tendrán un papá que las defiende de lo que sea. Quizás sea un poco agresivo lo que digo, pero al leer este verso lo primero que pasó por mi mente fue eso, el saber que Dios está mirándome, que no aparta ni un segundo su mirada de mí, que no está mirándome para ver cuándo cometo un error y luego regañarme, sino para asegurarme que no importa si nadie más está pendiente de mi vida, aun en medio de la soledad más oscura, Él está mirándome con sus ojos de amor, con sus ojos de un padre que quiere lo mejor para su hijo.

Deseo que a partir de hoy puedas entender que su mirada está fija en ti y te llena de su paz, tal como dice esa canción. Anhelo que puedas comenzar a descansar y saber que a pesar de sentir lo que sientes, Dios está pendiente de ti y nada ni nadie te hará daño, porque tu Papá está contigo, y si Él está contigo, ¿quién contra ti?

DIOS ESTÁ EN CONTROL

El versículo 14 dice: "Él contempla desde su trono a todos los habitantes de la tierra".

¿Has visto alguna vez algún gobernante nervioso, preocupado por alguna situación que tiene que resolver? Yo le he visto, por lo menos en películas. Con todo el poder que estos hombres poseen, caminan de un lugar a otro tratando de ver la manera de resolver algún problema, alguna batalla. Pero Dios no. Eso me habla de control, tranquilidad, confianza y descanso. Las cosas no se han salido de su mano, ¡ni se saldrán!

Tenemos que vivir con la seguridad de saber que aunque el barco se esté moviendo mucho por la tempestad, Dios está diciéndote: "Tranquilo hijo, aquí estoy yo. Todo está bien". ¿Recuerdas la historia cuando Jesús dormía en la barca mientras estaban atravesando una tempestad? Los discípulos estaban asustados, pensaban que morirían ese día. Inmediatamente fueron y despertaron a Jesús. Esto no significa que Jesús ignoraba la situación en la que se encontraban, aunque a veces creemos que Él nos ignora, que no está pendiente de nuestros problemas. Personalmente creo que Jesús estaba dormido para que los discípulos entendieran un mensaje muy importante, si Jesús está en la barca no hay porque temer. Confía y descansa en Él.

Tenemos que vivir con la seguridad de saber que aunque el barco se esté moviendo mucho por la tempestad, Dios está diciéndote: "Tranquilo hijo, aquí estoy yo. Todo está bien".

ÉL NOS CONOCE

El versículo 15 continúa: "Él es quien formó el corazón de todos, y quien conoce a fondo todas sus acciones".

Estoy plenamente seguro de que Dios sabía que yo pasaría por esta batalla de temor y ansiedad.

Él conocía cada lucha y circunstancia por venir. Dios no permite que atravesemos por una prueba que no podamos soportar. Esto ha sido clave para mí porque desde que viví esta lucha he entendido que Dios me ha equipado para pelear y vencer cada prueba que venga a mi vida.

Hace un tiempo vi una película acerca de un joven que tenía muchas ganas de convertirse en un soldado, pero por más que intentaba que lo aprobaran, no lo lograba, porque su contextura física era muy pequeña y débil. Tenía baja estatura, era muy delgado, simplemente no tenía lo que se necesitaba para enfrentar al enemigo. Tiempo después lo utilizaron como un experimento y lograron convertirlo en un hombre robusto, musculoso, alto, y con una fuerza increíble. Es ahí entonces que sucede lo que este joven deseaba: combatir al enemigo. Podía hacerlo porque tenía las cualidades necesarias para lograrlo. De la misma manera Dios, que te formó desde el vientre de tu madre, ya sabía tu camino, tus luchas, y por esa razón ha puesto en ti lo necesario para salir adelante. Si Dios permitió que atravieses ese valle de temor y ansiedad es porque Él considera que tienes lo que se necesita para luchar y vencer. No creas la mentira del enemigo que te dice que jamás lo lograrás, que quedarás así toda tu vida, que tu familia está avergonzada de ti, que no lograrás los sueños que hay en tu corazón. ¡No! Cuando el enemigo se acerque a decirte esas mentiras, recuérdale quién te hizo, quién es tu creador. Dios te conoce, Él te formó y sabe de qué estás hecho. Él formó tu célula más pequeña hasta el hueso más grande. No importa lo que estés sintiendo o pensando, Dios tiene la última palabra en tu vida. Cuando uno está pasando por estas situaciones de ansiedad y temor es muy fácil perder el control, pero puedes retomar la seguridad y saber que Dios te conoce y te ama. Descansa en Él. Toma el control del timón de tu barco. No escuches más esa voz que te detiene y trata de paralizarte.

ÉL CUIDA DE NOSOTROS

En el Salmo 33:16-19 (NVI) agrega: "No se salva el rey por sus muchos soldados, ni por su mucha fuerza se libra el valiente. Vana esperanza de victoria es el caballo; a pesar de su mucha fuerza no puede salvar. Pero el Señor cuida de los que le temen, de los que esperan en su gran amor; él los libra de la muerte, y en épocas de hambre los mantiene con vida".

Cuando en enero del 2008 perdí mi trabajo y como consecuencia la mitad de los ingresos para sostener a mi familia, y por lo tanto no podía cubrir los gastos, rápidamente mis pensamientos me indicaron "vende la casa, devuelve el automóvil, pide un préstamo, etc.". Ninguna de estas cosas está mal. Hay momentos en los que tenemos que tomar decisiones radicales para proveer a nuestra familia. En mi caso recuerdo que Dios tomó el control y ordenó mis pasos.

Cuántas veces tratamos de resolver las situaciones con nuestra lógica y sentido común, recurriendo a nuestras palancas o contactos. Pero Dios nos desafía a entender que pensemos que tenemos la inteligencia o la fuerza para lograrlo y que confiemos en Él.

Ya han pasado algunos años y como te he contado, Dios ha provisto de una manera sobrenatural, para eso y para muchas otras cosas. ¡Sigo aprendiendo este principio!

Él te sostendrá en la peor época de tu vida. Dios estará a tu lado y te llevará con su gracia por en medio de cualquier situación. Él te librará de la muerte y te llevará por aguas de reposo. No importa qué crisis estés viviendo, ya sea económica o emocional; Dios está contigo y te cuida, libra y sostiene.

ÉL ES NUESTRO SOCORRO Y NUESTRO ESCUDO

El versículo 20 del Salmo 33 añade: "Esperamos confiados en el Señor; él es nuestro socorro y nuestro escudo".

Leer este texto para mí esto fue como un bálsamo. Saber que mi vida está rodeada por Dios como un escudo y que es mi socorro, me trajo una inmensa paz. ¡Cuántas veces me sentí al descubierto, vulnerable! Sin embargo, al leer este verso, Dios me aseguró que nada ni nadie puede hacerme daño a mí ni a mi familia, porque he decidido confiar en Él. No permitas que los pensamientos de temor traten de convencerte que nadie te podrá ayudar, que nunca tendrás paz. Dios está contigo y Él será tu socorro, tu pronto auxilio. Él te rodeará como un escudo.

Una de las evidencias de saber que hemos aprendido a confiar y a descansar en Dios, es cuando a pesar de la tormenta (prueba), podemos descansar y vivir confiados. En nuestro corazón hay regocijo, gozo, porque sabemos que Él está con nosotros, que nos mira, nos cuida, y por esa razón podemos conciliar el sueño y descansar.

Creo firmemente que estamos viviendo un momento crucial para la Iglesia, donde a pesar de lo que vivimos podemos ser luz, llevar esperanza a los que no tienen paz, al verla en nosotros, a pesar del caos en el que vivimos. Aprovechemos esta oportunidad para que Dios sea conocido y glorificado a través de nuestra confianza en Él.

Capítulo 11

LA GESTACIÓN DE UN MILAGRO

DESPUÉS DE HABER estado meditando en el Salmo 33 durante ese tiempo especial, tomé la guitarra y comencé a adorar, a cantar. En ese momento sucedió algo que me ha pasado muy pocas veces, comencé a escuchar una melodía en mi cabeza, con letra y acordes. En cinco minutos Dios me regaló el comienzo de mi salida del desierto:

MI CONFIANZA ESTÁ EN TI

Tú conoces cada deseo, tú me formaste,
eres mi Dueño
Solo tú
Nada me falta, nada yo anhelo, solo tu
amor es lo que yo quiero
Solo

Mi confianza está en ti
Rodeado estoy por ti
Tú eres mi escudo

Mi esperanza está en ti
mi futuro, mi existir
en ti yo vivo seguro

En pocos minutos tenía esta canción, y la grabé. Supe que Dios estaba gestando algo que pensé que jamás volvería a hacer. A lo largo de todo el 2008 comenzaron a llegar melodías, letras, música, fue como una fuente que volvió a abrirse y una vez más pude regresar a ese lugar de creatividad que sentía que había perdido.

Dios me llevó a escribir y unas cuantas horas después estábamos en el ensayo del coro de la iglesia. Generalmente, comenzamos cada ensayo con un devocional o algún pensamiento, después cantamos juntos alguna canción de adoración para luego comenzar con el ensayo. El momento de adoración del coro se extendió en el tiempo, había una presencia de Dios maravillosa que nos mantuvo atrapados por más de una hora, pero mientras más la cantábamos, más se despertaba la adoración. Todavía en mi cabeza estaba entonando la canción que Dios me había dado ese día, aún sin terminar. Pero el momento con el coro era tan especial y sentí que debía cantar la canción que Dios me había inspirado unas horas antes. Recuerdo que hasta me puse nervioso, ni siquiera me acordaba de la letra, pero comencé a entonarla.

No había pasado ni dos estrofas cuando vi a la gente conmovida, Dios estaba ministrando sus vidas de una manera muy especial.

Al final del ensayo se acercó un amigo muy querido que se llama Arturo, y me dijo: "Hoy casi ni venía al ensayo. Estaba muy triste y deprimido, pero le doy gracias a Dios porque decidí venir. Esa canción que cantaste la escribiste para mí. No sé si la vas a grabar o qué harás con ella, lo único que te aseguro es que la escribiste para ministrar a mi vida, y con eso ya se cumplió el propósito".

Esta es la canción:

Siempre será

En la soledad quién me acompañará
En la vereda del dolor, quién me
consolará
Cuando la tristeza me quebranta, quién
limpiará mis lágrimas
¿Quién limpiará mis lágrimas?

Tu fidelidad me sostendrá
Con tus brazos de amor me rodearás
Al oír tu dulce voz sabré que nunca me
dejarás
Porque tu fidelidad siempre será

Digo sí

Era una mañana y estábamos atravesando un día complicado de nuestra vida, estábamos en la reunión semanal del ministerio de música de la iglesia, y uno de los líderes de alabanza de la congregación en inglés estaba compartiendo el devocional. Mi esposa y yo estábamos ahí. Él comenzó a hablar acerca de Dios y cómo decirle ¡Sí! Muchas veces nos encontramos caminando en la dirección opuesta, tratando de llegar a la meta que nos hemos puesto, queriendo cumplir los sueños que Dios sembró en nuestro corazón.

Sus palabras eran para mí, aunque él no lo supiera. Me estaba hablando directo a mi corazón. Al pasar por estas pruebas era muy difícil tomar algunas decisiones, me encontraba en encrucijadas muy interesantes. Pero esa mañana Dios nos habló de una manera muy directa y así fue que entendimos y decidimos decirle SÍ a la voluntad de Dios.

Creo firmemente que una de las mejores maneras de descansar y vivir en paz es cuando decidimos decirle SÍ a Dios. Si entendiéramos que la voluntad de Dios es agradable, buena y perfecta, podríamos caminar más tranquilos, sabiendo que él es quien dirige nuestros pasos y ordena nuestra vida. Por más que te preocupes por tu futuro, Dios ya sabe dónde estás y hacia dónde te diriges, solo es cuestión de rendir tus planes a Aquel que te formó y que te conoce desde que estabas en el vientre de tu madre.

¿QUÉ SIGNIFICA DECIR SÍ?

Si estás casado recordarás cuando el ministro o pastor te hizo varias preguntas en el altar, entre ellas: "¿Prometes amar, respetar, cuidar a tu esposa en la salud y en la enfermedad, en riqueza y en pobreza, hasta que la muerte los separe?". Y tu respuesta fue: "Sí, acepto". En ese mismo momento tuviste que soltar tu voluntad, tus deseos, el poder de hacer lo que tú quieres y rendir tu vida por completo hacia la otra persona.

Una de las primeras acciones que demanda el decir SÍ es soltar todo. Decir "sí" a la voluntad de Dios implica que no importa lo que él tenga para mi vida, yo lo acepto. Algunas veces la voluntad de Dios para nosotros será dejarnos caminar por un desierto, no habrá mucha gente a nuestro alrededor para animarnos, no tendremos la respuesta de la manera que nosotros queremos escucharla, sin embargo, Dios permite que vayamos por ese camino porque hay un propósito específico: aprender, madurar y crecer en lo que Él quiere enseñarnos. Por esa razón es bueno decirle a Dios: "¡SÍ!".

Recuerdo cuando estaba en el proceso de noviazgo, aunque no fue una etapa complicada como la de muchas parejas, tuve que aprender a decirle *sí* a Dios y *no* a mis deseos. Tuve que rendirme a la voluntad de Dios para mi vida.

Tenía alrededor de 19 años y quería formalizar mi relación con esa chica que tanto me gustaba. Fui a pedir permiso a su papá y me dijo que tendría que esperar un año, y que luego regresara para conversar una vez más. Esta propuesta para la ansiedad de un joven fue devastadora. Pero a medida que los días iban pasando Dios me hizo entender que era correcto y debía aceptar esa condición. Aunque me costó reconocerlo, oré y le dije a Dios que estaba dispuesto a someterme a su voluntad. No fue fácil, pero entendí que era lo mejor que podría hacer. Al final de cuentas, si esa persona era la que Dios tenía para mí, así sería.

El año pasó y muy puntualmente me reuní una vez más con el papá de la chica. Yo ya tenía 20 años. Cuando me senté a hablar con él, la conversación tenía un tono diferente. Esta vez no le pedí permiso para un noviazgo, sino que le comuniqué que quería casarme con su hija.

Haber aceptado la voluntad de Dios para mi vida en esta etapa me hizo pensar, meditar y sobre todo esperar el tiempo que había preparado para mí. Fácilmente hubiera podido revelarme, desobedecer y no honrar lo que este hombre me pidió. Hubiera convencido a esta chica de que fuéramos novios aunque su papá no quería, pero no fue así. Los dos decidimos honrar la decisión de su papá. Hoy sé, sin ninguna duda, que por haber esperado el tiempo de Dios, nuestro matrimonio desde 1994 hasta hoy, goza de una seguridad y estabilidad que va más allá de lo que como humanos pudimos haber logrado.

Cuando decides decirle "Sí" a Dios, una protección divina, una guía sobrenatural cubre tu vida. El Salmo 91 habla al respecto: "El que habita al abrigo del Altísimo, morará bajo la sombra del Omnipotente".

Es tu decisión decirle a Dios: "Sí Señor, quiero vivir en tu voluntad, porque eso me lleva a vivir bajo tu sombra".

Capítulo 12

TÚ PUEDES

DESDE EL PRIMER día cuando estaba comiendo con mis amigos y me entró ese pánico terrible, donde sentí que mi vida terminaba, hasta el día de hoy puedo ver que hay un plan perfecto que no puedo negar, no puedo dejar de reconocer. Los procesos por donde Dios nos permite caminar son diseñados para hacernos madurar, para enseñarnos a comprender que nuestra vida necesita depender completamente de Él, y que los resultados de todo este caminar traerán lo mejor de nosotros.

Ya han pasado varios años de cuando todo comenzó, y mi corazón está completamente seguro al decir estas palabras: "Estoy agradecido".

¿Por qué? Porque Dios decidió escogerme para vivir estas experiencias y de esa manera poder ahora ser un instrumento en sus manos para llevar esperanza a otras personas que tanto necesitan de la paz y del descanso de saber que van a estar bien, que no están solos, que hay personas que entienden su sentir, su confusión.

Recuerdo un viaje que mi esposa y yo hicimos a Sudamérica. Estábamos participando de un evento de alabanza y adoración, donde conocimos a una pareja joven recién casada. Mientras teníamos una conversación muy casual, mi esposa comenzó a hacer unas cuantas preguntas un poco más profundas e interesantes, por cierto, ella tiene un don increíble para hacer esto. Entrando en la plática cada vez más personal, él nos compartió sobre su propio desierto el cual había tenido que atravesar. Todo empezó poco tiempo después de haberse casado, feliz de haber encontrado al amor de su vida y expectante de vivir un futuro emocionante al lado de su esposa. Un día descubre que ronchas rojas comienzan a brotar en sus piernas. Decidió hacer una consulta con el doctor, quien después de analizarlo se dio cuenta que era algo muy grave por lo que no lo dejó salir del hospital. A las pocas horas el doctor regresó con los resultados de los estudios y le dio la noticia más difícil de su vida, le habían diagnosticado leucemia o cáncer en la sangre. Este joven quedó completamente en *shock*, el doctor salió del cuarto donde estaban, y cuando se quedó solo lo único que hizo fue llorar desesperadamente. La pregunta que surgía desde su interior era: "Dios, ¿por qué yo? Siempre te he servido. Te he sigo fiel.

¿Por qué yo Señor?". Y la respuesta que escuchó fue: "Porque eres escogido".

¿Qué significaba esa respuesta? Dios tenía un plan. Él no había perdido el control de la situación. Todo estaría bien.

Él luchó con esta enfermedad por aproximadamente dos años. Tuvo que hacer quimioterapia, radiaciones y todo lo necesario para luchar contra este terrible padecimiento. Pero durante todo este tiempo mi amigo pudo entender que Dios lo había escogido con un propósito, y eso fue lo que le dio paz durante todo el proceso.

Cuántas veces nos hemos encontrado haciéndonos las mismas preguntas y justificándonos con Dios, exclamando que no merecemos vivir determinada situación. Pero escuchar esta historia me ayudó en mi proceso de entender que Dios me había escogido para pasar por este desierto que parecía no tener fin, que me infundía un temor terrible intimidando mi vida.

Pero hoy sé que Dios me escogió para que yo viviera esta experiencia. No tengo la menor duda que fue su plan, y que hoy puedo hablarte y animarte con seguridad y certeza, diciéndote que esto va a pasar, que esta lucha no durará para siempre, que hay una luz al final del túnel.

En los últimos tiempos he tenido el privilegio de hacer una grabación titulada: "Confesiones de un corazón agradecido". En ella hay una canción que me ha ayudado mucho a entender lo que he vivido y se llama "Sigo enamorado". Esta canción habla de "tormentas que quisieron inundarme, desiertos que quisieron secarme, fracasos que trataron de juzgarme, pero no, yo sigo enamorado de mi buen pastor, sigo enamorado de tu abrazo Dios".

Miro al pasado y lo único que puedo entender es que hoy mi amor por Dios es más fuerte, porque no dependo de las circunstancias para amarlo, ni de mis logros para poder decir "gracias Dios". También he tenido que aprender que en medio del desierto puedo levantar una voz de agradecimiento reconociendo que estoy ahí porque Él ha creído en mí, y por eso sé que saldré con la cabeza en alto.

Continúo en la lucha cada día. Sigo teniendo retos, situaciones que quieren traer temor y ansiedad, pero esta vez es diferente porque ya no vivo ignorante de lo que me sucede. Dios me ha dado el entendimiento y he conocido la verdad. Esa misma verdad es la que tú tienes que recordar siempre.

- Él no te dio un espíritu de temor sino de poder, amor y DOMINIO PROPIO.
- El perfecto amor echa fuera el temor.
- Renueva tus pensamientos para que conozcas cuál es la BUENA, AGRADABLE y PERFECTA voluntad de Dios.

- Los pensamientos que Dios tiene de ti son de bien y no de mal, para darte un futuro y una esperanza.
- Él te rodea con sus alas.
- Eres la niña de sus ojos.
- Dios te da una vida y vida en abundancia.

Estoy expectante ante el futuro porque sé que los planes de Dios para mi vida son agradables, buenos y perfectos. Quizás no perfectos a mi entender, pero si para Él porque tiene la habilidad de ver el final de la historia. Y aunque te desesperes y pienses que la respuesta no llega, déjame decirte algo: "La respuesta viene, solo necesitas tener fe y descansar en Dios".

Estoy expectante ante el futuro porque sé que los planes de Dios para mi vida son agradables, buenos y perfectos.

SUELTA LAS RIENDAS

En estos años entendí que el temor y la ansiedad hacen que nos aferremos a nuestras preocupaciones de tal manera que pensamos que estamos perdiendo el control. Por lo tanto nos asimos aún más a ese sentimiento que está tratando de contrarrestar el miedo que sentimos. Lo analizamos demasiado, lo dejamos mucho tiempo en nuestra mente y eso alimenta y controla nuestra vida.

Mi hermana menor ha estado luchando con lo mismo por un par de años. En una de nuestras pláticas Dios puso en mi mente este pensamiento para ella, le dije: "Hermana, necesitas soltar ese temor". Esto fue algo que le ayudó mucho.

Y esta es la misma reflexión sencilla que quiero compartir contigo: "Suelta TODO". ¿Qué es todo? Suelta las riendas de tu destino. Una de las cosas que más nos afecta es el temor de no saber el final de la historia, pero Dios sí lo sabe. Esa verdad debiera infundir paz y tranquilidad sabiendo que sus planes son buenos para nuestra vida. Dios quiere que vivamos la vida en abundancia, pero también quiere que crezcamos, que maduremos.

Te animo que cada mañana cuando despiertes, le des gracias a Dios por ese día lleno de posibilidades, de oportunidades donde puedes crecer y también disfrutar de los manjares que Él pone delante de ti.

Suelta el control de tus días sobre esta tierra, no hay absolutamente nada que podamos hacer para añadir un día o un minuto más de lo que Dios propuso para nosotros. Mejor disfruta cada día de lo que Dios te regala, no te preocupes por lo que viene el día de mañana. La Biblia nos enseña que cada día tiene su propio mal. Así que yo te animo que cada mañana cuando despiertes, le des gracias a Dios por ese día lleno de posibilidades, de oportunidades donde puedes crecer y también disfrutar de los manjares que Él pone delante de ti.

Suelta las riendas de tu familia

Tengo dos hijas, una de ella está a punto de entrar a la universidad, quizás para cuando lea este libro ya esté cursando su carrera. Con ella he tenido que aprender a soltar las riendas, a entender que su vida está en las manos de Dios, y que ya no puedo decidir por ella. Esto hace 8 años me hubiera dado una crisis de temor terrible. Pero ahora comprendo que si hay alguien más interesado que yo en que a ella le vaya bien en esta vida, es Dios. Yo he confiado en que Él guiará los pasos de mis hijas y mientras ellas lo busquen y decidan rendir su vida y caminar en sus estatutos, su futuro tendrá la luz necesaria para poder ver con claridad por dónde caminar.

Suelta las riendas de tus finanzas

Como hombre, lucho constantemente con el tema de las finanzas, y gracias a Dios veo que he ganado algo de terreno en este tema. Sin embargo, si me descuido, puedo cometer el error de poner mi confianza en mi economía y dejar que afecte mi estado de ánimo, mi condición emocional y espiritual.

La Biblia dice: "Ninguno puede servir a dos señores porque o aborrecerá al uno y amará al otro, o estimará al uno y menospreciará al otro. No podéis servir a Dios y a las riquezas" (Mateo 6:24).

La Palabra es clara, un señor es Dios y el otro es el dinero. ¡Qué interesante es ver que Dios pone al dinero en el mismo nivel de señor! Es que el dinero tiene el poder de distraernos de tal manera que si tenemos falta o exceso de él, puede traer una neblina tan densa que tiene la capacidad de mover nuestras emociones y separamos de Dios.

Si yo, siendo hombre malo, sé dar buenas cosas a mis hijas, ya que me gusta que tengan lo mejor, cuánto más mi Padre que está en el cielo me dará lo que yo necesito.

De mi esposa he aprendido a no dejar que el dinero tome el control de mi vida, que si la cuenta de banco no tiene la cifra que yo quisiera que tenga, eso no va a regir mi estado de ánimo. Y si la cuenta de banco tiene el número soñado, tampoco va a controlarme y a darme paz interna. Lo único que debería darnos paz es saber que si Dios alimenta las aves del cielo, y viste los lirios del campo, cuánto más cuidará a cada uno de nosotros. Si yo, siendo hombre malo, sé dar buenas cosas a mis hijas, ya que me gusta que tengan lo mejor, cuánto más mi Padre que está en el cielo me dará lo que yo necesito.

Capítulo 13

TIENES EL PODER

DAVID, EL GRAN rey, entendió que podía lograrlo, que tenía el poder para vencer al gigante. Pero qué interesante es saber que su seguridad no venía de su casa, no venía del abrazo de su papá o de sus hermanos que lo animaban diciendo: "Vamos David, eres increíble, la verdad que tienes una fuerza impresionante". Todo lo contrario, si reflexionas acerca de la niñez y juventud de David, esta fue realmente complicada, su historia lo dice.

Cuando el profeta Samuel fue en busca del siguiente rey de Israel, fue enviado a la casa de Isaí, padre de David. Al llegar a la casa, inmediatamente Isaí mandó a llamar a todos sus hijos. Cuando todos llegaron, estaban en la sala, frente a Samuel quien le pide a Dios que le confirme, si ese, frente al cual él estaba parado, era el que tenía que ungir. Pero Samuel no escuchó nada. Esto mismo ocurrió frente a cada hijo de Isaí, hasta que ya no había más hijos allí. Entonces el profeta Samuel le preguntó al padre si no tenía más hijos que había olvidado presentarle. Isaí hace memoria, se rasca un poco la cabeza, revisa su álbum de fotos en su teléfono móvil, y entonces recuerda y dice: "Ah, sí tengo uno más". Era David que estaba pastoreando ovejas, un trabajo que nadie quería hacer. ¿A quién le gusta andar detrás de animales, teniendo que estar rescatándolos de la boca del oso y del león, oliendo a oveja? A nadie. Del medio del campo llegó David y al instante que se detuvo frente a Samuel, Dios le dio la instrucción de ungirlo como rey. Pero esto era simplemente una promesa que sería cumplida cuando llegara el momento de ser coronado.

Mientras tanto David debía continuar haciendo las labores que su padre le ordenaba. Un día, el padre mandó a David a que les llevara comida a sus hermanos que estaban en el campo de batalla. David llegó al campamento y se dio cuenta de que el ejército de Israel estaba escondido y temeroso. Había un gigantón que estaba amenazándolos diciéndoles que los mataría a todos. Todo esto suena un poco similar al temor que muchas veces nos quiere infundir pánico.

Necesitas comprender que tu vida tiene una ventaja sobre la influencia maligna, el gigante ya fue derrotado, el temor ya fue vencido, la muerte fue aplastada.

Entonces, este jovencito David al ver este panorama dijo una frase muy fuerte: "¿Quién es este filisteo incircunciso, para que provoque a los escuadrones del Dios viviente?" (1 Samuel 17:26). ¿De dónde salen estas palabras, de un joven que vivió una niñez donde su padre le afirmó? ¿De sus hermanos? ¡Claro que no! David pudo desafiar a este gigante y matarlo porque sabía quién estaba con él. David sabía la verdad que le dio la seguridad de salir y luchar para ganar.

Necesitas comprender que tu vida tiene una ventaja sobre la influencia maligna, el gigante ya fue derrotado, el temor ya fue vencido, la muerte fue aplastada. Tú tienes el mismo poder que levantó a Jesús al tercer día de aquella tumba. Tienes el poder para controlar y deshacer los pensamientos de temor que tratan de paralizarte. Tienes el poder de entregarle tu destino, tu vida, tu familia a Dios y de confiar que Él te llevará por esos pastos verdes, por esas aguas de reposo, y aun cuando vengan los días donde tengas que caminar por el valle de sombra y de muerte, no temerás porque Dios estará contigo.

Guía práctica para identificar y desarmar un ataque de ansiedad

Estos puntos que estoy por compartir son una guía que yo mismo aplico y que te ayudarán a no permitir que un ataque de pánico y de ansiedad tome control de ti. Aparentemente se ve muy difícil, casi imposible para algunos, pero la verdad es que un ataque de ansiedad y pánico es muy controlable y sobre todo es MUY desarmable. ¿Por qué? Porque más allá de tener técnicas prácticas que se te ayudarán, tienes en ti el poder de dominar esos pensamientos, esas emociones que parecen incontrolables e indestructibles. Pero por sobre todo tenemos el poder de la Palabra de Dios, que es el arma más poderosa.

No le tengas miedo a la ola

No sé si has tenido la experiencia de que una ola, sobre todo una de esas grandes, te golpee. De pequeño mis papás nos llevaban cada fin de semana a la playa en Tampico, Tamaulipas, en México. Ahí pude experimentar lo que hace una ola. Estas aparentan tener mucha potencia, te intimidan, te hacen sentir totalmente indefenso, y en cierta manera es verdad. ¿Pero qué ocurre después de visualizar una ola de 7 o 9 metros de alto que viene hacia ti? ¿Cómo termina esa ola? ¿Continúa teniendo ese mismo tamaño? ¡Claro que no! Tú puedes ver la ola crecer, venir hacia ti y hacerte sentir que todo se acabó, que no hay nada que puedas hacer para detenerla. Y es verdad, pero no sé si te has metido dentro de la ola, yo lo hice en esos viajes a la playa. Varias veces, cuando veía la ola venir, en vez de salir corriendo y huir, me tiraba el clavado justo en medio de la ola. Me revolcaba un poco, pero unos segundos después la ola había terminado con una altura de aproximadamente 5 cm.

Una de las cosas que tienes que hacer cuando se acerca esa ola de temor, de pánico, de ansiedad, es no pelearla, no trates de detenerla, no luches con ese sentimiento de pánico, simplemente deja que pase, y recuerda que el final termina en la nada. Si no le pones atención a esa sensación de ansiedad y dejas que te pase por encima, en un poco tiempo no tendrá una gota de poder, porque no le diste importancia, no la pusiste en un lugar de atención. No le tengas miedo a la ola.

Razona

En cierta ocasión estaba manejando en una avenida muy transitada, iba un poco rápido (me gusta la velocidad) y solo había dos carriles. De pronto un auto que venía de mi lado izquierdo comenzó a virar hacia mí. Inmediatamente comencé a mirar por los espejos de un lado a otro, tratando de ver cuáles eran mis opciones. Fue cuestión de segundos, de pronto yo estaba virando el volante de un lado a otro, me encontré pasando entre dos autos en una carretera de dos carriles. ¡Todavía no sé cómo sucedió! Fue mi instinto que tomó las decisiones y pude salir ileso de ese accidente que estaba por suceder.

¿Qué fue lo que me ayudó a no chocar con otro auto, a poder virar justo en el momento adecuado, a tomar las decisiones precisas para librarme de ese accidente? Mi instinto de REACCIONAR. En el momento en que vi al auto venir hacia mí no me puse a RAZONAR acerca de cómo frenar o cuántos grados tenía que virar el volante hacia la derecha, etc. No había tiempo para eso.

Recuerdas la "amígdala" que produce adrenalina que corre por el cerebro y te ayuda a REACCIONAR en esos momentos que estás viviendo un ataque de ansiedad, por esa razón reaccionamos a todo lo que sucede en nuestro alrededor. Reaccionamos al avión, a la avenida con muchos vehículos, aun a la comida. Reaccionamos con temor a ir a la tienda por miedo a ser robado. Ahora mismo, mientras escribo esta guía estoy volando en un avión, haciendo uno de los viaje más largos que he hecho, rumbo a Indonesia. Hace algunos años no hubiera podido hacerlo. Me daba pánico pensar permanecer en un avión por 13 horas. ¿Por qué me daba tanto miedo? Simplemente porque estaba reaccionando, porque la realidad es que es el medio de transporte más seguro. Muere más gente en el baño de su casa que en un avión. Si me pongo a RAZONAR en la realidad de mi entorno me doy cuenta que no hay razón por la cual tener ansiedad.

Tienes que comenzar a reentrenar tu mente, a no permitir que tus reacciones gobiernen tus acciones. Razona, piensa, renueva tus pensamientos. Me gusta mucho lo que dice la Biblia acerca de esto "Renueva tus pensamientos, tu mente, para que conozcas cuál es la BUENA, AGRADABLE Y PERFECTA voluntad de Dios" (paráfrasis de Romanos 12:2). Esa es la realidad de nuestra vida. Los planes de Dios para nosotros son buenos, agradables y perfectos.

Alimenta tu mente con la comida adecuada

Algo me que ayudó muchísimo en el proceso de libertad de los ataques de ansiedad fue cuidar lo que le daba de comer a mi mente. Mi consejero me pidió hiciera algunas cosas que ahora quiero compartirte.

Evita estar pendiente del televisor, especialmente cuando estás muy atento a las noticias. Yo tenía una mala maña que era mirar las noticias por televisión en la noche, quería enterarme de lo que estaba sucediendo en el mundo, especialmente de los sucesos trágicos, de guerra, etc. Yo no pensaba que esto me afectaba en mi lucha con el temor, pero la realidad es que de lo que nos alimentamos, tarde o temprano tendremos fruto. Al igual que cuando uno come mucha grasa, quizás al principio todo parezca normal, como si fuéramos inmunes, pero con los años comienzan a verse los frutos de esa mala y pobre alimentación. De igual manera lo que come tu mente, tarde o temprano dará su fruto con ansiedad. Apaga el televisor. Busca algo para leer que te ayude a relajarte, a bajar el ritmo de tus quehaceres y medita en lo bueno que Dios te ha dado, en su regalos inmerecidos. Te sorprenderás al ver cómo tu mente comienza a ser entrenada a descansar.

Así como el alimento incorrecto daña la mente, de la misma manera cuando le damos alimento sano, pronto veremos resultados positivos. Algo que me ayudó muchísimo durante este proceso fue volver a recordar versos de la Biblia que había aprendido hacía muchos años, como el Salmo 23, tan restaurador para la mente. Este salmo nos recuerda que aunque andemos en valles de sombra o de muerte, Dios estará con nosotros, que no estamos solos. Dios quiere llevarnos por lugares de reposo, de paz, de tranquilidad.

Otra cita bíblica que recuerdo constantemente es el Salmo 34, lleno de promesas donde Dios se nos se manifiesta como quien nos libra de TODOS nuestros temores. No hay un lugar permanente para el temor, podrá estar ahí por un tiempo, pero la realidad es que Dios te librará de TODOS ellos.

Necesitas alimentar tu alma y tu mente con verdades que te llevarán a la verdadera realidad en tu vida: Dios no te dio un espíritu de temor, sino de AMOR, PODER y DOMINIO PROPIO.

Tú puedes volver a tener una vida normal. Tú tienes el poder de salir adelante porque Dios está a tu lado y tienes en tus manos su verdad. Eso es lo único que necesitas para caminar en libertad y correr hacia el futuro.

DECLARACIÓN

PERMÍTEME CERRAR ESTA aventura de mi vida que comencé relatándote y declarar sobre ti esta verdad. Si tienes la posibilidad de hacerlo, te invito a que la leas en voz audible:

Hoy bendigo tu vida, y declaro que tus pensamientos se alienarán a los pensamientos del cielo.

Hoy declaro que todo espíritu de temor, toda semilla de ansiedad que ha sido plantada en tu mente comienza a secarse y pierde su poder, pierde el control de tus pensamientos.

Hoy declaro que los planes de Dios para tu vida son de paz, de gozo, de libertad y no hay nada que detenga sus planes para tu vida.

Hoy declaro que tu familia está en las manos de Dios y que Él cuida de cada uno de ellos.

Hoy declaro que tu provisión viene de lo alto y que nada te faltará, nada puede robarte la paz y el gozo de Dios. En lo poco sabrás vivir, y también en lo mucho podrás disfrutar sin olvidarte de que todo lo bueno proviene de tu Padre celestial.

Bendigo tu vida y declaro que de ahora en adelante comienza el proceso de libertad para ti. Pronto podrás experimentar en plenitud una vida libre de temores y libre de ansiedad.

Declaro todo esto en el nombre PODEROSO de JESÚS.

NO ESTÁS SOLO.

Apéndice

RESGUARDADA EN UN CAPULLO

Por Lorena Zamorano

VARIAS VECES EN el pasado me han preguntado acerca del tiempo que mi esposo Coalo pasó por ataques de ansiedad o pánico, cómo lo sobrellevé, qué aprendí, etc. Pero nada se me viene a la cabeza. En realidad no tengo pasos ni consejos especiales sobre qué o no hacer para compartir con los familiares cercanos de personas que atraviesan por esta experiencia. Tampoco tengo una oración especial que debes hacer cuando tu ser querido tiene ataques de ansiedad. Solo puedo decir con toda certeza que: ¡Dios es fiel! ¡Dios es fiel!

El día que Coalo llegó a casa con esa expresión de angustia en su rostro y una actitud de dolor que marcaba su existencia durante esos días, yo no sabía qué pensar. Mi hija pequeña tenía aproximadamente dos años y la mayor estaba en la escuela primaria. Como mamá y ama de casa había muchas cosas que cada minuto demandaban mi atención como cocinar, lavar platos, lavar ropa, limpiar baños, hacer la tarea, cambiar pañales, calentar biberones, etc. Además de todo eso, también tenía que chequear las cuentas de la casa, pagar, depositar, etc. Pero aun esto no se me hacía difícil, siempre estuve muy al tanto de lo que estaba pasando en nuestra vida financiera.

En medio de lo vivido, durante muchos meses no hubo actividades de familia que fueran divertidas. Por ejemplo, salir al parque y comprar una nieve (helado). Y las pocas veces que salíamos, el ambiente era muy raro y siempre muy silencioso, especialmente entre Coalo y yo. En esos días oraba por Coalo, aunque en realidad no entendía lo que estaba pasando. Mi oración era que él pudiera encontrar ayuda, ya que es necesario el apoyo espiritual que los pastores o líderes de la iglesia local pueden brindar. Hacía muy poco tiempo que nos habíamos mudado a Texas desde México, y el cambio cultural fue difícil, especialmente durante esos momentos de lucha y obscuridad, y por lo tanto no estábamos tan acompañados espiritualmente. Pero en realidad no recuerdo que me sintiera mal por eso. No me sentía herida. ¿Qué curioso no? En otras ocasiones hemos atravesado situaciones mucho menos difíciles y he tenido que cuidar mi corazón de no resentir la ausencia de ese apoyo de la familia espiritual. Lo importante es siempre cuidar el corazón y el espíritu durante estos tiempos de guerra. Tampoco olvidar que el amor de Dios siempre está presente. Su mano siempre está obrando a nuestro favor, aunque en ese momento no lo podamos ver. Tenemos que mantener nuestra fe en su amor, porque Él es amor.

Cuando Coalo encontró ayuda en la consejería espiritual y la psicología, me dio mucha alegría. Siempre he creído que Dios usa estos medios para ayudarnos a poder aplicar la Palabra de Dios a nuestras propias situaciones. Muchas veces, para quienes estamos tan expuestos ante la gente, se nos hace difícil admitir que tenemos necesidad de ayuda. Porque la mayoría de las personas creen que si estamos en tiempos de dificultad es porque hay algún pecado escondido. Qué triste que como cristianos no hemos podido entender que TODOS necesitamos ayuda, y esto no es pecado, al contrario, así debe de ser. Somos un cuerpo, debemos apoyarnos durante los tiempos de guerra, levantarnos las manos, orar por el otro y escuchar. Sin embargo, muchas veces usamos nuestras energías humanas y fe espiritual, para juzgar lo que estamos viendo sin conocer todos los detalles y mucho menos el corazón de la persona luchando.

Le doy gracias a Dios que puso una venda en mis ojos que me cubrió de todo juicio. Nunca me puse a averiguar por qué Coalo estaba sufriendo estos ataques. Quizás algunos emitieron sus declaraciones acerca de que tal vez había falta de perdón en su corazón, algún pecado escondido, o tal vez porque no estaba orando lo suficiente en su vida devocional. Sin embargo, ninguno de esos comentarios le hizo daño a mi corazón. Por eso sé que fue una obra sobrenatural en mí. Dios obró. Durante ese tiempo no recuerdo haberle reclamado o haberlo juzgado. Lo que sí quería saber era por qué le estaba pasando esto.

En oportunidades he pensado que en realidad no fui la ayuda que él necesitaba en ese momento, sin embargo, Coalo siempre me agradece que nunca lo presionara o interrogara obsesivamente. Posiblemente esa fue la ayuda que él necesitaba de mi parte.

En una ocasión recuerdo que lo animé a sentarse al piano y comenzar a tocar y a cantar alabanzas a Dios. Lo hizo por un rato, pero no fue el final de su guerra, solo fue un momento de descanso. Gracias a nuestro Dios que durante nuestras luchas, nos presenta momentos de refugio. Tal vez la visita de un amigo, una canción en particular que nos motiva a seguir creyendo, o una persona que se acerca y nos dice que está orando por nosotros. Nunca minimices estos regalos que Dios nos provee, son aguas frescas en el desierto. También debemos recordar que podemos ser ese vaso de agua refrescante para alguien que esté en necesidad y que Dios cruce en nuestro camino. Seamos sensibles a su voz y a las necesidades de nuestros hermanos.

Siento que durante esos años el Señor me resguardó en un capullo, protegiendo mi mente y mi corazón. Protegió aun mi relación con mis hijas y obviamente con mi esposo Coalo. Pude aceptar su liderazgo, su sacerdocio, su autoridad dada por el mismo Creador sobre mí y sobre nuestra casa. Es muy importante el poder someterte como mujer a tu marido, tal como lo enseña el libro de Gálatas. Pero, ¿cómo logras hacerlo si has visto lo débil y vulnerable de tu pareja? ¿Cómo te sometes a alguien a quien has visto en sus momentos tan difíciles? ¿Cómo confías tu sustento a una persona que no puede ni salir a la calle? He aquí la obra sobrenatural de Dios. Pude someterme en autoridad a mi esposo porque Dios es mi buen pastor. Él me guía. Él me cuida. Él me sustenta. ¡Yo confío en ÉL! Dios ha puesto en mi esposo lo que él necesitaba para llevar a cabo la asignación que le ha dado, su familia. Yo confío en mi Creador. Él ha creado a un hombre fuerte, estable, sano y me puso a su lado. Puedes ver que mi confianza está puesta en el Creador. Por medio de creer, descansar y declarar estas verdades con mi boca, yo me pongo de acuerdo con el Señor ¡Y TODO ES POSIBLE!

¡Hoy recuerda ponerte de acuerdo con las Palabras y promesas de Dios para tu vida!

Anexo

HERRAMIENTAS PARA EL CONTROL DE LA ANSIEDAD

Dra. Lis Milland

TODOS LOS DÍAS en las oficinas de consejería cristiana y en muchos pasillos de la vida, se escucha gente manifestar que están profundamente tristes, ansiosas, con ataques de pánico, con sentimientos de soledad y frustrante angustia. Es por esta razón que cuando me llamaron de la editorial Casa Creación para solicitarme que fuera colaboradora en este proyecto me causó mucho entusiasmo y satisfacción, ya que estoy segura que es una herramienta útil y eficaz para que desde la revelación de un adorador tan poderoso como Coalo Zamorano, puedan identificarse miles de personas. Agradezco a

Dios la valentía de uno de sus hijos para que otros puedan saber que no están solos.

Luego de haber leído la historia de Coalo comprendo mejor la razón por la que sus letras cargan tanta intimidad, pasión, confianza y dependencia del Amigo fiel. Es una historia frente a la que seguramente te has dicho: "Yo también me siento o me he sentido así". Espero que te llene de consuelo y de esperanza saber que nuestro amado Jesús también experimentó momentos de aflicción, desánimo, tristeza y ansiedad. Pero tal y como Él venció, nosotros también podemos vencer, ya lo dice la Biblia: "Pero en todas estas cosas somos más que vencedores, por medio de Aquél que nos amó" (Romanos 8:37).

Llevo más de quince años como terapeuta clínica, por lo que he tenido la oportunidad de estar cerca de la depresión y de la ansiedad. La tristeza es una emoción experimentada por todos en algún momento de nuestra vida. Nos sentimos tristes cuando tenemos alguna pérdida significativa, una desilusión, sufrimos una traición o hasta después de haber tenido "un día malo". Pero para poder diferenciar estos estados anímicos de tristeza a lo que es una depresión clínica o un trastorno de ansiedad, se requiere la experiencia de un profesional de la salud mental que idealmente tenga conocimiento de la Palabra de Dios y la sensibilidad a la voz del Espíritu Santo.

En mi experiencia, casi todos los pacientes deprimidos se quejan de disminución en la energía, dificultad para terminar metas, deterioro en funcionamiento escolar o laboral, desmotivación, cansancio, problemas para dormir o duermen demasiado, aumento del apetito o pérdida de peso, dificultad para concentrarse, llanto frecuente, irritabilidad y en muchos casos pensamientos asociados a la muerte. La ansiedad es un síntoma común de la depresión y los ataques de pánico son depresión acumulada por mucho tiempo. Los ataques de pánico son cada vez más comunes. A los inicios de mi práctica no veía tantos casos como en la actualidad. Los ataques de pánico son períodos en los que el individuo sufre de una manera súbita un intenso miedo en una duración variable de minutos a horas. Generalmente dura diez minutos, pero los pacientes me manifiestan que sienten que ha durado mucho más por lo angustiante que es. La persona que sufre episodios de pánico se siente súbitamente aterrorizada sin una razón evidente. Se producen síntomas intensos como: taquicardia, dificultad para respirar, temblores o mareos. Pueden ocurrir en cualquier momento y en cualquier lugar sin previo aviso.

En una ocasión, reunida con pacientes clínicamente ansiosos, les pedí como parte de una terapia grupal que juntos construyéramos una definición de lo que es la ansiedad. El resultado de esa experiencia fue la siguiente definición: "Un estado de nerviosismo, preocupación y temor ante eventos que no han ocurrido todavía". Nunca he encontrado una descripción más certera que esta porque surge de la vivencia.

Te invito a que hagas esta prueba que te brindará la oportunidad de evaluar si estás experimentando síntomas asociados a la depresión o la ansiedad. Debes identificar si los has sentido en los últimos catorce días.

Haz una marca (*) en las categorías con que te sientas identificado.

( ) Miedo a sufrir una crisis
(*) Nerviosismo
(*) Preocupación
(*) Tensión muscular
(*) Inquietud
(*) Pobre concentración
( ) Pensamientos acelerados
(*) Sensación de estar a punto de perder el control
(*) Pensamientos de enfermedades físicas
(*) Pérdida del apetito o atracones de comida
(*) Dificultad para dormir
(*) Miedo a ser abandonado o a estar solo
( ) Sacudidas en el corazón o aumento de palpitaciones
( ) Dolor de pecho
( ) Náuseas o molestias abdominales
(*) Estreñimiento o diarrea

( ) Sensación de ahogo o de asfixia

( ) Sudoración no debida al calor

( ) Dificultad para levantarse por la mañana de la cama

( ) Irritabilidad

( ) Pobre tolerancia a las frustraciones

( ) Dolores de cabeza, de nuca o de espalda

( ) Escalofríos o sofocaciones

( ) Sensación de debilidad o agotamiento

( ) Pérdida del interés sexual

( ) Desinterés en el trabajo

( ) Desinterés en las actividades sociales (cine, teatro, comer fuera)

ESCALA:

Si has marcado diez reactivos o más puedes estar sufriendo de un nivel de depresión o de ansiedad significativo. De ser así debes buscar ayuda profesional inmediatamente.

Deseo brindarte una serie de **HERRAMIENTAS** para el control de la depresión y de la ansiedad.

- **Identifica cuáles son las situaciones** que representan eventos que te precipitan a la depresión o a la ansiedad, pero no les des mucha vuelta en tu mente. Hablar es una forma de dar rienda suelta a los sentimientos de forma saludable. Pide ayuda. Asiste a un profesional que te brinde terapia y a un consejero espiritual.

- **Ten un tiempo devocional**. No hay experiencia más sublime, restauradora y pacificadora que estar en la presencia de Dios. He leído muchos estudios que plantean los beneficios de la oración para pacientes con depresión y ansiedad.
- **Lee la Palabra de Dios**. La Biblia está llena de promesas y de historias alentadoras. Allí encontramos hombres y mujeres que vivieron situaciones muy similares a las nuestras y vemos como al final siempre obtuvieron la victoria. Y por sobre todas las cosas allí se nos revela el poder salvador y sanador de la Cruz.
- **Concéntrate en las soluciones**. Preocuparte no hace que las situaciones que te entristecen o te frustran cambien. No te dejes arrastrar por el dolor. Actúa aunque tengas miedo, así como lo hizo Moisés frente al mar Rojo para cruzar al otro lado. Aunque te dé miedo, la única manera de encontrar una solución es darle la cara al problema.

- **Practica algún ejercicio o deporte.** Camina a paso ligero por treinta minutos cada día. Sobre todo cuando hay depresión no hay muchos deseos de estar activo. Pero de todos modos, esfuérzate. En cuanto hagas del ejercicio un hábito, no tardarás mucho en percibir un cambio a mejor en tu estado de ánimo.

- **Cuídate alimentándote bien.** Debes hacer todas las comidas del día. Sigue un horario de comidas regular aunque no tengas hambre. Te recomiendo que ingieras abundantes frutas y verduras. Además debes consumir por lo menos ocho vasos de agua.

- **Siempre cree en ti.** Dios te ve como una persona fuerte y valiente, no lo contradigas. Es normal que hayan unos días en que nos dan deseos de abandonarlo todo. Pero, indiscutiblemente, hay que aprender a superar los obstáculos sin perder de perspectiva quiénes somos y el poder que el Señor nos ha dado sobre las dificultades. No te canses de creer en ti. No te rindas y sé valiente.

- **Perdona a quien te lastimó.** El perdón es la llave que te libera de sentimientos y pensamientos negativos. Aunque no haya reconocimiento de falta de quien te hirió, decide perdonar y trabaja ese perdón. Sabrás que has completado el proceso cuando los eventos que te hicieron lleguen a tu memoria, pero ya no te duelan. Puede ser que alguien te haya hecho sufrir mucho, pero no tienes por qué seguir perpetuándolo en tu mente.

- **Cierra las gavetas abiertas.** No revivas el ayer a menos que sea para derivar un fruto de armonía y gozo. De otra forma, trabaja el ayer como algo que se ha ido para siempre. Concéntrate en las cosas buenas que están pasando AHORA en tu vida.
- **Perdónate a ti mismo**. Aprende que tú puedes cometer errores. Los errores, no son errores, son lecciones dentro de la escuela de la vida. La vida es un constante fluir y los errores son parte de la experiencia cotidiana. Esto es algo que debes saber y aceptar: ¡No eres perfecto! Todos estamos en ese proceso de alcanzar la estatura de Cristo. El mismo apóstol Pablo decía que no pretendía haberlo alcanzado, pero que una cosa hacía, se extendía al blanco y todos sus errores los estimaba como

basura. En las Escrituras originales de la Biblia no se usa la palabra "basura", sino "estiércol" que quiere decir fertilizante. Si algún uso le damos es porque hemos aprendido que de los errores hemos sacado mucho más provecho que de los aciertos.

- **Pide perdón si has sido tú quien ha lastimado a alguien**. Uno de los actos de humildad más extraordinarios es ir donde la persona o las personas a quienes hemos dañado y que le manifestemos nuestro sincero arrepentimiento. Además, el hacer esto contribuye grandemente a liberarnos de los sentimientos de culpa.
- **Mírate como un ser humano, no como una máquina**. ¡Cuánta gente se siente fracasada y triste por la sobrecarga! Penosamente son cargas que nadie les exige, sino que son autoimpuestas. Trátate con amor y con mano suave.
- **Deja de rescatar a todos, todo el tiempo**. No es justo tomarle prestado los problemas a los demás. No, no es justo, no es justo para ti. La gente necesita aprender a manejar sus propias situaciones y mientras tú estés rescatándolos no van a aprender a hacer nada.

- **Comprende que el desierto es un lugar de transformación**. Solemos asociar el desierto con crisis. En el dialecto chino mandarín la palabra "crisis" es sinónimo de oportunidad. El desierto es el lugar donde nos dan forma, no sólo para el cielo, sino para nuestra travesía aquí en la Tierra. En mi experiencia, Dios no ha desperdiciado ni un día que yo haya estado en Horeb para hacerme crecer.
- **Cree que el tiempo de Dios siempre es mejor**. Cuando estamos desesperados y no vemos resultados en el momento en que queremos, invitamos a la depresión y a la ansiedad a que se sienten con nosotros en la sala de la casa a tomarse un chocolate caliente. Sin embargo, Dios tiene un tiempo perfecto para ti, para la contestación de tu oración y para el cumplimiento de tus sueños. En Habacuc 2:3 dice: "Aunque la visión tardará aún por un tiempo, más se apresura hacia el fin, y no mentirá; aunque tardare, espéralo, porque sin duda vendrá, no tardará". ¿Puedes escuchar lo que Dios te dice hoy?: "Reposa y observa lo que estoy haciendo, vigilante, sin ansiedad, te quiero así, mirando y caminando en paz".

- **Trata de vivir con entusiasmo**. Para lograr esto es importante que no borres de tu mente la palabra: *meta*. Hay algo importante que vas a alcanzar aunque en estos momentos te encuentres en el proceso de ir hacia esa meta. Piensa que donde estás y lo que te está ocurriendo es parte del camino.
- **Fortalece tu autoestima**. Amarte a ti mismo es lograr un concepto adecuado de ti mismo. Llegar a verte como Dios te ve. Cuando logramos esto no vivimos esperando la aprobación de los demás. Recuerda que tu valor es el valor de quien ha sido comprado a precio de sangre.
- **Realiza una evaluación médica**. En algunos casos los niveles de depresión o de ansiedad llegan a unos estándares donde puede haber un desequilibrio en el sistema físico. Es importante ser evaluado para identificar si se necesita alguna medicación o suplemento vitamínico que ayude al equilibrio del cuerpo.

No estás solo. Perteneces a un alto porcentaje de la población que puede estar sintiéndose igual que tú. Lo importante es que recuerdes que dentro de ti, por la autoridad y el poder otorgado en el Espíritu Santo, posees potencialidades para salir adelante. Te acompañamos a creer que en tu vida, como ha ocurrido en la de Coalo, al final del camino sabrás que todo lo que has vivido ha valido la pena para convertirte en un testimonio vivo del amor y del cuidado de Dios. Mientras el testimonio se construye agárrate de la promesa de que Dios está contigo y que… "Aunque la higuera no florezca, ni en las vides haya frutos. Aunque falte el producto del olivo, y los labrados no den mantenimiento, y las ovejas sean quitadas de la majada, y no haya vacas en los corrales; con todo yo me gozaré en Jehová, y me gozaré en el Dios de mi salvación. Jehová el Señor es mi fortaleza, el cual hace mis pies como de ciervas, y en mis alturas me hace andar" (Habacuc 3:17-19).

—DRA. LIS MILLAND
Consejera profesional y profesora universitaria
Autora del superventas: *Vive libre, vive feliz*

SOBRE EL AUTOR

COALO ZAMORANO NACIÓ el 26 de octubre de 1972 en Guadalajara, Jalisco, México. En 1986 se trasladó con sus padres y dos hermanos a la ciudad de Durango en México. Fue allí donde conoció al salmista y adorador Marcos Witt, a quien Dios usó para dirigirlo a él y su familia a una relación personal con Jesucristo. Coalo comienza a interesarse en la música y a participar de la alabanza y adoración en su iglesia. Al tiempo comenzó a trabajar para la empresa Grupo Canzion. Laboró para Canzion por varios años donde se destacó en varias facetas y fue clave en el desarrollo de salmistas como: Edgar Rocha, Jesús Adrián Romero y Danilo Montero, entre otros. Luego se mudó a Houston, Texas, EE. UU., donde pasó a ser el líder de alabanza y adoración en la iglesia hispana de Lakewood. Actualmente es el pastor de adoración en la iglesia hispana Champion Forest en el norte de Houston.

Coalo es un respetado productor, compositor y cantante cristiano que ha sido reconocido con varios premios incluyendo el Grammy latino. Algunas de sus canciones son: "Jesús, eres mi buen pastor", "Más que palabras", "Al que es digno" y "Santo". Sus álbumes como solista son: *Cosas poderosas, Eres mi pasión, Mi confianza está en ti, Más fuerte que nunca* y *Confesiones de un corazón agradecido.*

Reside en Houston junto a su esposa Lorena Warren y sus hijas Laura Lorena y Rebeca.

PARA CONTACTAR AL AUTOR O COMPARTIRLE SU TESTIMONIO ESCRIBA A:

estebanmachuca@gmail.com

¡Viva la lectura!
Cápsulas de literatura a través del Club 700 Hoy
BIBLIA PARA LA GUERRA ESPIRITUAL
ROBERT MORRIS
Una vida de bendición
DIOS NO ESTÁ MUERTO
RICE BROOCKS
EL GRAN LIBRO de JUGOS Y BATIDOS VERDES
Cherie Calbom
400
EL MISTERIO DEL SHEMITÁ
JONATHAN CAHN
CAER No es LA SENTENCIA FINAL
TOMMY Y JANET MOYA
Para conocer días y horarios del programa, síguenos en
facebook.com/vivalalectura
PRESENTADO POR:
CASA CREACIÓN
club700hoy
13057

Bendiciones con tanto amor
Carmen:

QUE EL SEÑOR CONTINUE A
BENDECIR TU VIDA SOBRENATURAL
FAMLIA BECERRA SERNA

Hermana Que el Señor te continue
a Bendecir Declaro un año lleno
de la gracia y Favor de Dios
Brenda e Janneth

Magdalena Martinez

Cara Ruth
dichiariamo le benedi-
zione del Padre che ha
perte nelle regione celeste
scendano Te. qui in terra per
Ti. Amiamo
Fam. Nolasco-Talabera

Cara Ruth
Dios te bendiga y
Sigue adelante con
nuestro Dios todopoderoso
La Amamos mucho
Iris Anaya.

Ruth Que Dios te llene
y te colme de tantas bendiciones